Nabokov | Stadtführer Berlin

Vladimir Nabokov
Stadtführer Berlin

Fünf Erzählungen

Aus dem Englischen übersetzt
von Dieter E. Zimmer und Renate Gerhardt

Nachwort von Richard Müller-Schmitt

Reclam

RECLAMS UNIVERSAL-BIBLIOTHEK Nr. 14552
2023 Philipp Reclam jun. Verlag GmbH,
Siemensstraße 32, 71254 Ditzingen
info@reclam.de

Berlin, ein Stadtführer (1925)
Pilgram (1930)
Wolke, Burg, See (1937)
Frühling in Fialta (1936)
Lance (1951)

entnommen aus: Vladimir Nabokov: Erzählungen 1 (1921–1934) / Erzählungen 2 (1935–1951)

Übertragen aus dem Englischen von Renate Gerhardt (Wolke, Burg, See) und Dieter E. Zimmer
Veröffentlicht im Einvernehmen mit The Estate of Vladimir Nabokov

Gestaltung: Cornelia Feyll, Friedrich Forssman
Umschlagabbildung: Lesser Ury, *Unter den Linden (Regenstimmung)*, um 1920 – akg-images
Druck und Bindung: Esser printSolutions GmbH,
Westliche Gewerbestraße 6, 75015 Bretten
Printed in Germany 2025

ISBN 978-3-15-014552-4
reclam.de

Stadtführer Berlin

Vormittags war ich im Zoo, jetzt gehe ich mit meinem Freund und ständigen Zechgenossen in eine Kneipe. Ihr himmelblaues Schild zeigt in Weiß die Aufschrift »Löwenbräu« und dazu das Porträt eines Löwen mit blinzelndem Auge und einem Seidel Bier. Wir setzen uns, und ich erzähle meinem Freund von Röhren, Straßenbahnen und anderen wichtigen Dingen.

1 Die Röhren

Vor dem Haus, wo ich wohne, liegt an der Kante des Bürgersteigs eine riesige schwarze Röhre. Etwa einen halben Meter daneben liegt in einer Reihe mit ihr eine zweite, dann eine dritte, eine vierte: die eisernen Eingeweide der Straße, noch arbeitslos, noch nicht in den Boden tief unter den Asphalt versenkt. An den ersten Tagen, nachdem sie mit hohlem Gedröhn von den Lastwagen abgeladen worden waren, liefen kleine Jungen auf ihnen hin und her und krochen auf allen vieren durch diese runden Tunnel, doch eine Woche später spielte schon niemand mehr darauf, und stattdessen fiel dichter Schnee; und wenn ich jetzt im flachen grauen Licht des frühen Morgens ausgehe und vorsichtig das tückische Eis mit der dicken Gummikappe meines Stocks abtaste, liegt oben auf jeder der schwarzen Röhren ein gleichmäßiger Streifen Neuschnee, während die Lichtreflexe einer noch immer erleuchteten Straßenbahn wie hell orangefarbenes Wetterleuchten an der Innenseite jener Röhrenöffnung hinaufhuschen, die der Schienenbiegung am nächsten ist. Heute hat jemand mit dem Finger »Otto« in den Streifen jungfräulichen Schnees geschrieben, und mir schien, dieser Name mit seinen beiden weichen *Os*, die das sanfte Konsonantenpaar flankieren, passe wunderbar zu der stillen Schneeschicht auf jener Röhre mit ihren beiden Öffnungen und ihrem verschwiegenen Tunnel.

2 Die Straßenbahn

Die Straßenbahn wird in etwa zwanzig Jahren verschwinden, wie die Pferdebahn verschwunden ist. Für mein Gefühl hat sie schon jetzt etwas Überlebtes, eine Art altmodischen Charme. Alles an ihr ist ein wenig ungefüge und klapperig, und wenn sie eine Kurve etwas zu schnell nimmt und die Stromstange vom Fahrdraht springt und der Schaffner oder sogar einer der Fahrgäste sich am Heck des Wagens hinauslehnt, nach oben späht und an der Schnur ruckelt, bis die Rolle wieder Kontakt hat, dann denke ich jedes Mal daran, wie auch dem Kutscher in früheren Zeiten manchmal die Peitsche aus der Hand gefallen sein muss und wie er dann sein Viergespann zügelte, den Burschen in langschößiger Livree, der neben ihm auf dem Bock saß, zurückschickte, sie aufzuheben, und durchdringend ins Horn blies, während seine Kutsche über das Kopfsteinpflaster eines Dorfes holperte.

Der Schaffner, der die Fahrscheine ausgibt, hat sehr eigenartige Hände. Sie arbeiten so flink wie die eines Pianisten, aber sie sind nicht schlaff und schweißig und haben auch keine weichen Nägel, sondern sind so grob, dass einen eine Art moralisches Unbehagen überkommt, wenn man ihm Kleingeld in die Hand schüttet und dabei die Haut berührt, der ein derber Chitinpanzer gewachsen zu sein scheint. Trotz ihrer Derbheit und der dicken Finger sind es überaus rührige und tüchtige Hände. Neugierig verfolge ich, wie er mit dem breiten schwarzen Fingernagel den Fahrschein festklemmt und ihn an zwei Stellen knipst, in der Ledertasche wühlt, Wechselgeld herausfischt, die Tasche sofort wieder zuklappt und an der Klingelleine zieht oder mit einer Daumenbewegung den Schieber an der Vordertür aufdrückt, um auch den Leuten auf der vorderen Plattform Fahrscheine zu geben. Und die ganze Zeit über schaukelt der Wagen, die Fahrgäste im Gang greifen hoch nach den Halteriemen und schwanken hin und her – doch er lässt kein einziges Geldstück fallen, keinen einzigen vom Block abgerissenen Fahrschein. In diesen Wintertagen ist die untere Hälfte der Vordertür mit grünem Tuch verhängt, die Fenster sind mit Frost beschlagen, an jeder Haltestelle drängen sich verkäufliche Weihnachtsbäume an der Bordkante, die Füße der Fahrgäste sind fühllos vor Kälte, und manchmal bedeckt ein grauwollener Fausthandschuh die Hände des Schaffners. An der Endstation koppelt sich der Triebwagen los, fährt auf ein Nebengleis, passiert den zurückgebliebenen Anhänger und nähert sich ihm von hinten. Es hat etwas von der Ergebenheit eines Weibchens, wie der Anhänger wartet, dass der vordere, männliche Wagen unter Funkengeknister herangerollt kommt und sich ankuppelt. Und ich erinnere mich (ohne die biologische Metapher), wie achtzehn Jahre zuvor in Petersburg die Pferde ausgespannt und um den dickbäuchigen blauen Trambahnwagen herumgeführt wurden.

Die Pferdestraßenbahn ist verschwunden, die Elektrische wird verschwinden, und ein exzentrischer Berliner

Schriftsteller in den zwanziger Jahren des einundzwanzigsten Jahrhunderts, der unsere Zeit schildern möchte, wird in ein historisches Technikmuseum gehen und dort einen hundertjährigen, gelben, klobigen Straßenbahnwagen mit altmodisch geschwungenen Sitzen ausfindig machen und in einem historischen Trachtenmuseum eine schwarze Schaffneruniform mit blanken Knöpfen. Dann wird er nach Hause gehen und eine Beschreibung der Straßen Berlins in vergangenen Zeiten zusammenstellen. Alles, jede Einzelheit wird dann Wert und Bedeutung haben: die Schaffnertasche, die Reklame über dem Fenster, die besondere Schüttelbewegung, die sich unsere Urenkel vielleicht vorstellen werden – alles wird geadelt und gerechtfertigt sein durch sein Alter.

Ich meine, dass hierin der Sinn schöpferischer Literatur besteht: alltägliche Dinge so zu schildern, wie sie sich in den freundlichen Spiegeln künftiger Zeiten darbieten werden; in den Dingen unserer Umwelt jene duftige Zartheit aufzuspüren, die erst unsere Nachkommen erkennen und zu schätzen wissen werden, in den fernen Tagen, wenn jede Bagatelle unseres platten Alltagslebens von vornherein erlesen und festlich sein wird: die Tage, da jemand, der sich das gewöhnlichste heutige Jackett überzieht, für den elegantesten Kostümball ausstaffiert ist.

3 Straßenarbeiten

Hier sind Beispiele der verschiedenartigen Arbeiten, die ich von der überfüllten Straßenbahn aus beobachte, in der mir mit Sicherheit irgendeine mitleidige Frau ihren Fensterplatz abtritt – während sie versucht, mich nicht zu genau anzusehen.

An einer Kreuzung ist das Straßenpflaster längs der Schienen aufgerissen; im Wechsel schlagen vier Arbeiter mit Vorschlaghämmern auf einen Eisenpfahl ein; der erste trifft, und schon senkt der zweite seinen Hammer mit weitem, akkuratem Schwung; der zweite Hammer saust nieder und erhebt sich gen Himmel, während der dritte und dann der vierte in rhythmischer Folge zuschlagen. Ich lausche ihrem geruhsamen Klang, wie vier sich wiederholenden Noten eines eisernen Glockenspiels.

Ein Bäckerjunge mit weißer Mütze kommt auf seinem Dreirad vorbeigeflitzt; ein mehlbestäubter Bursche hat etwas Engelhaftes. Ein Lieferwagen mit Kästen auf dem Dach rasselt vorüber, in denen Reihen smaragdgrüner, leerer, aus den Kneipen abgeholter Flaschen blinken. Auf einer Karre gleitet geheimnisvoll eine lange schwarze Lärche dahin. Der Baum liegt flach auf dem Wagen; sacht bebt seine Spitze, während seine erdigen Wurzeln, von derbem Sackleinen umwickelt, an seinem Ende eine gewaltige, beigefarbene, bombenförmige Kugel bilden. Ein Postfahrer hat die Öffnung eines Sackes unter einen kobaltblauen Briefkasten geschoben, befestigt ihn von unten, und heimlich, unsichtbar leert sich der Kasten mit gemächlichem Rascheln, und der Postfahrer klappt den viereckigen Rachen des nunmehr voll und schwer gewordenen Beutels zu. Doch vielleicht am schönsten sind die chromgelben Tierkörper mit rosa Flecken und Arabesken, die auf einem Lastwagen gestapelt sind, und der Mann mit der Schürze und der Lederkapuze mit ihrem langen Nackenschutz, der Körper für Körper auf den Rücken wuchtet und ihn vornübergebeugt über den Bürgersteig in den roten Laden des Fleischers schleppt.

4 Eden

Jede große Stadt hat ihr eigenes Eden, von Menschen geschaffen.

Wenn Kirchen uns vom Evangelium erzählen, so erinnern uns die Zoos an den feierlichen und zarten Anfang des Alten Testaments. Schade nur, dass dieses künstliche Eden ganz hinter Gittern liegt, obwohl mich ohne die Gitter allerdings der erstbeste Dingo anfallen würde. Trotzdem ist es schon ein Eden, soweit der Mensch es wiederzuerschaffen vermag, und mit gutem Grund heißt das große Hotel gegenüber dem Berliner Zoo nach jenem Garten.

Im Winter, wenn man die tropischen Tiere versteckt hat, empfehle ich einen Besuch im Haus der Amphibien, Insekten und Fische. In dem halbdunklen Saal ähneln die Reihen erleuchteter gläserner Schaukästen den Bullaugen, durch die Kapitän Nemo aus seinem Unterseeboot auf die Meeresgeschöpfe schaute, die sich zwischen den Ruinen von Atlantis dahinwanden. Hinter dem Glas gleiten in hellen Nischen Fische mit glänzenden Flossen, atmen Seeblumen, und auf einem Stück Sand liegt ein lebendiger, hochroter, fünfzackiger Stern. Daher also stammt das berüchtigte Emblem – vom Grunde des Ozeans, aus der Düsterkeit der versunkenen Atlantica, die vor langen Zeiten allerlei Umwälzungen durchmachte, während sie mit aktuellen Utopien und anderen Dümmlichkeiten herumpfuschte, die noch uns zu Krüppeln machen.

Und versäumen Sie ja nicht, bei der Fütterung der Riesenschildkröten zuzusehen. Diese schwergewichtigen uralten Hornkuppeln kommen von den Galápagos-Inseln. Mit greisenhafter Behutsamkeit kommen ein runzliger flacher Kopf und zwei völlig nutzlose Füße unter dem fast zwei Zentner schweren Panzer hervor. Und mit ihrer dicken, schwammartigen Zunge, die irgendwie an die eines kakologischen Kretins erinnert, der schlapp seine monströse Sprache erbricht, steckt die Schildkröte den Kopf in einen Haufen nassen Gemüses und mampft achtlos dessen Blätter.

Doch diese Kuppel über ihr – ach, diese Kuppel, diese alterslose, polierte, matte Bronze, diese prachtvolle Bürde der Zeit …

5 Die Kneipe

»Das ist ein mieser Stadtführer«, sagt mürrisch mein ständiger Trinkgenosse. »Es interessiert doch keinen Menschen, wie du die Straßenbahn nimmst und ins Berliner Aquarium fährst.«

Die Kneipe, in der wir beide sitzen, besteht aus zwei Räumen, einem großen und einem etwas kleineren. Ein Billardtisch befindet sich in der Mitte des größeren; in den Ecken stehen ein paar Tische; gegenüber vom Eingang ist die Theke, und hinter ihr sind Regale mit Flaschen. Zwischen den Fenstern hängen Zeitungen und Illustrierte, in kurze Holzstäbe geklemmt, wie Papierfahnen an der Wand. Ganz hinten ist ein breiter Durchgang, durch den man ein vollgestelltes kleines Zimmer mit einer grünen

Couch unter einem Spiegel sieht, aus dem ein ovaler Tisch mit karierter Wachstuchdecke herausfällt und seine feste Position vor der Couch einnimmt. Jenes Zimmer gehört zu der bescheidenen kleinen Wohnung des Gastwirts. Dort sitzt seine Frau mit welken Zügen und großem Busen und füttert ein blondes Kind mit Suppe.

»Das interessiert doch keinen«, wiederholt mein Freund mit kummervollem Gähnen. »Was sollen schon Straßenbahnen und Schildkröten? Und das Ganze ist sowieso einfach langweilig. Eine langweilige fremde Stadt, und teuer ist es hier auch noch ...«

Von unserem Platz an der Theke aus kann man die Couch, den Spiegel und den Tisch im Hintergrund jenseits des Durchgangs sehr deutlich sehen. Die Frau räumt den Tisch ab. Auf die Ellbogen gestützt, mustert das Kind aufmerksam eine an ihren nutzlosen Halter geklemmte Illustrierte.

»Was gibt's denn da zu sehen?«, fragt mein Begleiter, und seufzend dreht er sich auf dem unter ihm laut knarrenden Stuhl langsam um.

Dort unter dem Spiegel sitzt immer noch das Kind allein. Doch jetzt blickt es zu uns herüber. Von seinem Platz aus kann es die Kneipe sehen – das grüne Eiland des Billardtisches, den Elfenbeinball, den es nicht berühren darf, den metallischen Glanz der Theke, zwei dicke Lastwagenfahrer an dem einen Tisch und uns beide an dem andern. Es hat sich längst an diese Szene gewöhnt, ihre Nähe macht ihm nichts aus. Eines jedoch weiß ich. Was immer ihm im Leben auch zustoßen wird, immer wird es sich an das Bild erinnern, das es aus dem kleinen Zimmer, wo es seine Suppe bekam, in seiner Kindheit Tag für Tag sah. Immer wird es sich an den Billardtisch erinnern und an den abendlichen Gast, der seine Jacke abgelegt hatte und den spitzen weißen Ellbogen nach hinten streckte, wenn er mit seiner Queue auf die Kugel zielte, und an den blaugrauen Zigarrenqualm, den Lärm der Stimmen, meinen leeren rechten Ärmel und mein narbenbedecktes Gesicht und den Vater hinter der Theke, der mir ein Bier zapft.

»Ich begreife nicht, was du da siehst«, sagt mein Freund und wendet sich mir wieder zu.

Ja was auch! Wie kann ich ihm begreiflich machen, dass ich jemandes künftige Erinnerungen geschaut habe?

Pilgram

1

Die Straße begann an der Ecke eines von Menschen wimmelnden Boulevards, von dem sie eine der Straßenbahnlinien fortlockte. Ohne Schaufenster oder ähnliche Freuden zog sie sich lange unauffällig hin. Dann kam ein kleiner Platz (vier Bänke, ein Stiefmütterchenbeet), den die Elektrische mit gellender Missbilligung umfuhr. Hier wechselte die Straße den Namen, und ein neues Leben hob an. Zur Rechten erschienen Läden: ein Obstgeschäft mit leuchtenden Apfelsinenpyramiden; ein Tabakladen mit dem Bild eines lüsternen Türken; ein Feinkostgeschäft mit fetten braunen und grauen Wurstringen; und dann unvermutet eine Schmetterlingshandlung. Abends – und besonders an regnerischen Abenden, wenn der Asphalt wie ein Seehundsrücken glänzte – blieben die Fußgänger einen Augenblick lang vor diesem Sinnbild sonnigen Wetters stehen. Gewaltige und prachtvolle Insekten waren ausgestellt. Die Leute sagten sich: »Was für Farben – erstaunlich!« und stapften weiter durch den Nieselregen. Flügel mit vor Staunen weit geöffneten Augen, schimmernde blaue Seide, schwarze Magie – das blieb einem eine Weile noch vor den Augen, bis man in die Straßenbahn stieg oder eine Zeitung kaufte. Und nur, weil sie mit den Schmetterlingen zusammen waren, hafteten auch ein paar andere Dinge im Gedächtnis: ein Globus, Bleistifte und ein Affenschädel auf einem Stapel von Schulheften.

Blinkend setzte sich die Straße mit einer Reihe wiederum gewöhnlicher Läden fort – Seife, Kohlen, Brot –, um an der Ecke, wo sich eine kleine Gastwirtschaft befand, von neuem eine Pause einzulegen. Der Mann hinter der Theke, ein schneidiger Kerl mit steifem Kragen und grünem Pullover, verstand es, den Schaum auf dem Glas unter dem Bierhahn geschickt mit einer einzigen Bewegung abzustreichen; auch hatte er den wohlverdienten Ruf, ein Witzbold zu sein. Allabendlich spielten hier der Obsthändler, der Bäcker, ein Arbeitsloser und der Vetter des Kneipwirts an einem runden Tisch nahe beim Fenster mit großer Hingebung Karten. Wer die Partie gewann, bestellte sofort eine neue Runde, so dass keiner der Spieler je reich werden konnte.

Sonnabends pflegte an einem der Nebentische ein abgekämpfter älterer Mann mit gerötetem Gesicht, glatt anliegendem Haar und einem nachlässig gestutzten, angegrauten Schnurrbart zu sitzen. Wenn er erschien, begrüßten ihn die Spieler geräuschvoll, ohne von ihren Karten aufzusehen. Unweigerlich bestellte er Rum, stopfte seine Pfeife und sah dem Spiel mit rötlich gerandeten, wässerigen Augen zu. Das linke Augenlid hing leicht herab.

Gelegentlich wandte sich jemand an ihn und erkundigte sich, wie sein Laden ginge; er ließ sich mit der Antwort Zeit, und oft antwortete er gar nicht. Wenn die Wirtstochter, ein hübsches, sommersprossiges Mädchen in einem getupften Kleid, zufällig dicht genug vorbeikam, versuchte er, ihre schwer fassbare Hüfte zu erwischen, aber ob sein Hieb sie erreichte oder nicht, sein düsteres Aussehen änderte sich nie, obwohl die Adern auf seiner Schläfe purpurn anliefen. Der Wirt nannte ihn sehr witzig »Herr Professor«. »Na, wie geht's dem Herrn Professor heute Abend?«, fragte er, indem er zu ihm herüberkam; der Mann dachte eine Zeitlang schweigend nach, und mit einer nassen Unterlippe, die sich wie bei einem fressenden Elefanten unter der Pfeife hervorschob, entgegnete er etwas, das weder komisch noch höflich war. Schlagfertig konterte der Bierwirt, und die Spieler, obwohl anscheinend in ihre Karten vertieft, bogen sich vor Schadenfreude.

Der Mann trug einen geräumigen grauen Anzug mit einer beträchtlichen Übertreibung des Westenmotivs, und sobald der Kuckuck zum Vorschein kam, zog er umständlich eine dicke silberne Taschenuhr hervor und schaute schräg auf sie herab – er hielt sie in der flachen Hand und kniff des Qualms wegen die Augen zusammen. Pünktlich um elf klopfte er seine Pfeife aus, bezahlte seinen Rum, reichte jedem, der sie etwa zu schütteln wünschen mochte, seine schlaffe Hand und verließ schweigend das Lokal.

Sein Gang war ungeschickt, er hinkte leicht. Seine Beine schienen für den Körper zu dünn. Kurz vor seinem Schaufenster bog er in einen Torweg, wo sich rechter Hand eine Tür mit einem Messingschild befand: PAUL PILGRAM. Diese Tür führte in seine winzige, muffige Wohnung, die durch einen Korridor auch mit dem rückwärtigen Teil des Ladens verbunden war. Für gewöhnlich schlief Eleonore schon, wenn er an diesen festlichen Abenden heimkam. Über dem Doppelbett hingen in schwarzen Rahmen ein halbes Dutzend verblasster Fotografien ein und desselben plumpen Schiffes sowie einer tristen Palme, die aussah, als stünde sie auf Helgoland. Vor sich hinbrabbelnd humpelte Pilgram mit einer brennenden Kerze fort in die birnenlose Dunkelheit, kam mit herabhängenden Hosenträgern zurück und murmelte weiter vor sich hin, als er auf der Bettkante saß und langsam und mühevoll seine Schuhe auszog.

Seine Frau wurde halb wach, stöhnte in ihr Kissen hinein und bot ihm ihre Hilfe an; mit drohendem Groll in der Stimme gebot er ihr, gefälligst still zu sein, und wiederholte dieses kehlige »Ruhe!« mehrere Male mit wachsender Wut.

Nach dem Schlaganfall, der ihn einige Zeit zuvor fast das Leben gekostet hätte (er war wie ein Berg von hinten auf ihn herabgestürzt, als er sich gerade zu seinen Schnürsenkeln hinabbeugte), zog er sich jetzt widerwillig aus; er grummelte vor sich hin, bis er sicher im Bett war, und grummelte weiter, wenn zufällig der Wasserhahn in der Küche nebenan tropfte. Dann wälzte sich Eleonore aus dem Bett, wankte in die Küche und mit einem benommenen Seufzen zurück, ihr kleines Gesicht wachsbleich und glänzend, und unter ihrem grässlich langen Nachthemd schauten die bepflasterten Hühneraugen hervor. Sie hatten 1905 geheiratet, vor fast einem Vierteljahrhundert, und sie hatten keine Kinder, weil Pilgram immer der Ansicht gewesen war, dass Kinder doch nur behindern würden, was in seiner Jugend ein angenehm erregender Plan gewesen war und sich allmählich zu einer dunklen, leidenschaftlichen Besessenheit ausgewachsen hatte.

Er schlief auf dem Rücken, eine altmodische Nachtmütze in die Stirn gezogen; allem Anschein nach war es der feste und geräuschvolle Schlaf, der von einem ältlichen deutschen Ladenbesitzer zu erwarten war, und ohne weiteres konnte man annehmen, dass seine Steppdeckenstarre völlig frei war von Traumvisionen; doch in Wahrheit träumte dieser ungeschliffene, schwere Mann, der sich hauptsächlich von Erbswurst und Pellkartoffeln nährte, der unerschütterlich an seine Zeitung glaubte und nichts von der

Welt wusste (sofern seine geheime Leidenschaft nicht betroffen war), träumte von Dingen, die seine Frau und seine Nachbarn völlig unbegreiflich gefunden hätten; denn Pilgram gehörte zu einer besonderen Gattung von Träumern, oder vielmehr war er bestimmt, zu ihnen zu gehören (aber etwas – der Ort, die Zeit, der Mann – war schlecht gewählt worden), zu jenen nämlich, die im Englischen einstmals *aurelians* genannt wurden – vielleicht um der Chrysaliden willen, jener »Kleinode der Natur«, die sie so gern an Zäunen über den staubigen Nesseln von Feldwegen hängend fanden.

Sonntags setzte er sich mehrmals, um seinen Morgenkaffee zu schlürfen, und ging dann mit seiner Frau spazieren – es war ein langsamer und schweigender Spaziergang, auf den sich Eleonore die ganze Woche lang freute. Werktags öffnete er der Kinder wegen, die auf dem Schulweg vorbeikamen, seinen Laden so früh wie möglich; denn seit einiger Zeit führte er neben seiner eigentlichen Ware auch Schulbedarf. Irgendein kleiner Junge trottete, seine Mappe schwingend und an einer Stulle kauend, an dem Tabakladen vorbei (wo eine bestimmte Zigarettenmarke Bilder von Flugzeugen zu bieten hatte), an dem Feinkostgeschäft (das einem Vorwürfe machte, weil man das Frühstücksbrot viel zu früh gegessen hatte), erinnerte sich, dass er einen Radiergummi brauchte, und trat in den nächsten Laden. Pilgram murmelte etwas, wobei er die Unterlippe unter dem Pfeifenstiel vorschob, und nach einer lustlosen Suche knallte er einen offenen Karton auf den Ladentisch. Der Junge befühlte und drückte den fabrikneu bleichen Gummi, fand seine Lieblingssorte nicht und ging wieder, ohne von der Hauptware des Ladens auch nur Notiz genommen zu haben.

»Diese heutige Jugend!«, dachte Pilgram mit Abscheu und erinnerte sich seiner eigenen Knabenjahre. Sein Vater – ein Matrose, ein Herumtreiber, ein bisschen ein Strolch – hatte spät im Leben ein blässliches, helläugiges holländisches Mädchen geheiratet, die er aus Java nach Berlin holte, und einen Laden mit exotischen Kuriositäten eröffnet. Pilgram konnte sich jetzt nicht mehr genau erinnern, wann die Schmetterlinge begonnen hatten, die ausgestopften Paradiesvögel, die abgegriffenen und unwirksamen Talismane, die mit Drachen bemalten Fächer und alles dieses Zeug zu verdrängen; aber schon als Junge hatte er mit Sammlern fieberhaft Falter getauscht, und nach dem Tode seiner Eltern traten die Schmetterlinge die Alleinherrschaft in dem düsteren kleinen Laden an. Bis 1914 hatte es genug Amateure und Fachleute gegeben, das Geschäft bescheiden, sehr bescheiden in Gang zu halten; später jedoch wurden Zugeständnisse notwendig; ein Schaukasten mit dem Werdegang des Seidenwurms bildete den Übergang zu Schulbedarfsartikeln, genau wie einstmals Bilder, die schändlicherweise aus funkelnden Flügeln zusammengesetzt waren, der erste Schritt zur Lepidopterologie gewesen waren.

Jetzt barg das Fenster neben den Federhaltern vor allem protzige Insekten, beliebte Stars unter den Faltern, einige von ihnen auf Gips und gerahmt – diese waren hauptsächlich als Zimmerschmuck gedacht. Im Laden selbst, der geschwängert war mit dem scharfen Geruch eines Desinfektionsmittels, befanden sich die wirklichen, die kostbaren Sammlungen. Überall im Raum standen die verschiedenen Schachteln, Kartons und Zigarrenkisten herum. Hohe Schränke enthielten zahlreiche glasüberdeckte Schubfächer mit geordneten Serien vollkommener Exemplare, die tadellos gespannt und beschriftet waren. In einer dunklen Ecke stand ein verstaubter alter Schild (das letzte Relikt des ursprünglichen Angebots). Ab und an tauchte lebende Ware auf: volle braune Puppen, auf deren Thorax zarte Linien und Furchen symmetrisch zusammenströmten und so erkennen ließen, wie die rudimentären Flügel, Beine, Fühler und Rüssel gelagert waren. Berührte man eine solche auf ihrem Moosbeet liegende Puppe, so begann das spitz zulaufende Ende des segmentierten Hinterleibs hin und her zu zucken wie die gewindelten Beine eines Säuglings. Die Puppen kosteten eine Reichsmark das Stück, und mit der Zeit entschlüpfte ihnen ein kraftloser, feuchter, sich wunderbar dehnender Nachtfalter. Und zeitweilig standen hin und wieder auch andere Lebewesen zum Verkauf: damals zufällig gerade ein Dutzend Eidechsen, auf Mallorca zu Hause, kalte, schwarze, blaubäuchige Dinger, denen Pilgram als Hauptgericht Mehlwürmer und zum Nachtisch Weintrauben zu fressen gab.

2

Er hatte sein ganzes Leben in Berlin und seinen Vororten verbracht; weiter als bis zur Pfaueninsel in einem See der Umgebung war er nie gekommen. Er war ein Insektenforscher ersten Ranges. Dr. Rebel in Wien hatte einen bestimmten seltenen Nachtfalter *Agrotis pilgrami* genannt; und Pilgram selber hatte mehrere Beschreibungen publiziert. Seine Kästen enthielten die meisten Länder der Welt, aber alles, was er von dieser je zu Gesicht bekommen hatte, war die öde Sand- und Kiefernszenerie eines gelegentlichen Sonntagsausflugs; und immer wieder erinnerte er sich der Funde, die ihm in seinen Jugendjahren so herrlich vorgekommen waren, wenn er sich jetzt diese wohlbekannte Fauna ringsumher betrachtete, die eingeengt war von einer wohlbekannten Landschaft, welcher sie ebenso hoffnungslos entsprach wie er seiner Straße. Von einem Gesträuch am Straßenrand las er eine große, türkisfarbene Raupe mit einem porzellanblauen Hörnchen oben auf dem letzten Segment auf; erstarrt lag sie auf seiner Handfläche, und als wäre sie ein lebloses Schmuckstück, setzte er sie dann seufzend auf ihren Zweig zurück.

Obwohl er ein- oder zweimal die Gelegenheit gehabt hätte, sich auf einen einträglicheren Handel zu verlegen – etwa Tuch anstelle der Falter zu verkaufen –, klammerte er sich hartnäckig an seinen Laden, der das symbolische Bindeglied zwischen seiner kümmerlichen Existenz und dem Phantom vollkommenen Glücks darstellte. Wonach er sich mit wilder, fast krankhafter Macht sehnte, das war, selber die seltensten Schmetterlinge ferner Länder in seinem Netz zu fangen, mit eigenen Augen ihren Flug zu beobachten, bis zur Hüfte im üppigen Gras zu stehen, das Durchschwingen seines sausenden Netzes und darauf, durch eine umklammerte Falte des Tülls hindurch, das wilde Schlagen der Flügel zu spüren.

Von Jahr zu Jahr erschien es ihm sonderbarer, dass es ihm im Vorjahr nicht irgendwie gelungen war, genügend Geld für wenigstens eine vierzehntägige Sammelreise ins Ausland zurückzulegen, aber sparsam war er nie gewesen, das Geschäft war immer schlechtgegangen, und selbst wenn ihm das Glück hin und wieder günstig war, ging im letzten Augenblick mit Sicherheit etwas schief. Bei seiner Heirat hatte er fest mit einer Beteiligung am Geschäft seines Schwiegervaters gerechnet, aber einen Monat später war der Mann tot und hatte nichts als Schulden hinterlassen. Kurz vor dem Ersten Weltkrieg schien eine Reise nach Algerien dank einem unverhofften Geschäft so nahe, dass er sich sogar schon einen Tropenhelm beschafft hatte. Als dann alles Reisen unmöglich wurde, tröstete er sich immer noch mit der Hoffnung, dass man ihn als Soldaten an irgendeinen aufregenden Ort schicken würde; aber er war schwerfällig, kränklich und auch der Jüngste nicht mehr, und so sah er weder Frontdienst noch exotische Lepidopteren. Nach dem Kriege dann, als er es fertiggebracht hatte, wieder ein wenig Geld zurückzulegen (diesmal für eine Woche in Zermatt), verwandelte die Inflation mit einem Male seine mageren Ersparnisse in weniger als den Gegenwert eines Straßenbahnfahrscheins.

Danach gab er seine Versuche auf. Immer bedrückter wurde er, indes seine Leidenschaft wuchs. Wenn irgendein entomologischer Bekannter zufällig vorüberkam, war Pilgram nur verärgert. »Dieser Kerl«, so dachte er, »mag zwar ebenso viel wissen, wie der Dr. Staudinger wusste, aber er hat nicht mehr Phantasie als ein Briefmarkensammler.« Die Sammelkästen mit den Glasdeckeln, über die sie sich gemeinsam beugten, bedeckten nach und nach den ganzen Ladentisch, und die Pfeife zwischen Pilgrams saugenden Lippen gab immer wieder einen sinnend-sehnsüchtigen piepsenden Laut von sich. Nachdenklich starrte er auf die engen Reihen zarter Insekten, die unsereinem alle gleich vorkommen, und dann und wann klopfte er mit einem kurzen und dicken Zeigefinger gegen das Glas, um auf eine besondere Seltenheit hinzuweisen. »Das da ist eine seltsam dunkle Abweichung«, sagte der kundige Besucher etwa. »Eisner hat so einen bei einer Auktion in London erworben, aber er war nicht so dunkel und hat ihn vierzehn Pfund gekostet.« Schmerzlich an seiner erloschenen Pfeife saugend, hob Pilgram den Kasten ans Licht, so dass die Schatten der Falter unter ihnen hervor und über den mit Papier ausgelegten Boden schlüpften; dann setzte er ihn wieder hin, zwängte seine Fingernägel unter den enganliegenden Rand des Deckels, lockerte ihn mit einem Ruck und nahm ihn vorsichtig und geschickt ab. »Und Eisners Weibchen war nicht so frisch«, fügte der Besucher hinzu, und ein zufälliger Zeuge, eines Schulheftes oder einer Briefmarke wegen gekommen, mochte sich wohl fragen, worüber sich die beiden unterhielten.

Grunzend zog Pilgram an dem vergoldeten Kopf der schwarzen Stecknadel, auf der das seidige kleine Lebewesen gekreuzigt war, und nahm das Objekt aus dem Kasten. Es hin und her wendend, betrachtete er das Etikett, das unter dem Leib steckte. »Ja – Tatsienlu, Osttibet«, las er, »gefangen von den eingeborenen Sammlern Pater Dejeans« – und steckte den Falter genau in das gleiche Stecknadelloch zurück. Seine Bewegungen schienen lässig, ja unbekümmert, aber das war die unfehlbare Nonchalance des Fachmanns: Die Nadel mit dem kostbaren Insekt und Pilgrams dicke Finger waren die aufeinander eingearbeiteten Teile ein und derselben fehlerlosen Maschine. Es konnte jedoch geschehen, dass ein offener Kasten, von dem Ellbogen eines Besuchers gestreift, unbemerkt vom Ladentisch zu gleiten begann – um im letzten Moment von Pilgram aufgehalten zu werden, der dann ruhig seine Pfeife weiter anzündete; erst viel später, wenn er schon anderswo beschäftigt war, stöhnte er plötzlich in erinnertem Erschrecken.

Aber es waren nicht nur verhinderte Scherben, was ihn stöhnen ließ. Pater Dejean, unerschrockener Missionar hoch zwischen den Rhododendronbüschen und im Schnee, wie beneidenswert war dein Los! Und Pilgram starrte auf seine Kästen und paffte und brütete und überlegte, dass er so weit gar nicht zu reisen brauchte: dass es überall in Europa Tausende von Jagdgründen gab. Aus den Orten, die in entomologischen Werken erwähnt waren, hatte er sich eine eigene Welt zurechtgemacht, zu der seine Wissenschaft einen höchst detaillierten Reiseführer bildete. Es gab keine Kasinos in dieser Welt, keine alten Kirchen, nichts, was einen gewöhnlichen Touristen verlockt hätte. Digne in Südfrankreich, Ragusa in Dalmatien, Sarepta an der Wolga, Abisko in Lappland – das waren die berühmten Orte, die den Schmetterlingssammlern teuer waren und wo sie seit den fünfziger Jahren des vergangenen Jahrhunderts ab und zu (immer zur Verwunderung der Einheimischen) herumgestöbert hatten. Und so deutlich, als wäre es eine eigene Erinnerung, sah sich Pilgram die Nachtruhe eines kleinen Hotels stören, indem er in einem Zimmer herumstapfte und -sprang, durch dessen weitgeöffnetes Fenster ein weißlicher Nachtfalter aus der schwarzen, freigebigen Nacht hereingeschwirrt war und in einem geräuschvollen wirbelnden Tanz seinen Schatten an der Zimmerdecke küsste.

In diesen seinen unmöglichen Träumen hatte er die Inseln der Seligen besucht, wo in den heißen Barrankas, welche die unteren Hänge der mit Kastanien und Lorbeer bedeckten Berge zerschneiden, eine merkwürdige lokale Rasse des Kohlweißlings vorkommt; und auch jene andere

Insel, jene Bahndämme bei Vizzavona und die Kiefernwälder weiter oben, die das Revier des gedrungenen und dunklen korsischen Schwalbenschwanzes sind. Er hatte den hohen Norden besucht, die arktischen Moore, die so zarte, flaumige Falter hervorbringen. Er kannte die hochgelegenen Alpenwiesen, wo im schlüpfrigen, verfilzten Gras verstreut flache Steine liegen; denn es gibt keine größere Freude, als einen solchen Stein anzuheben und an seiner Unterseite einen dicken, schläfrigen, einer noch von niemandem beschriebenen Art angehörenden Nachtfalter zu finden. Er sah glasige Apollofalter mit roten Augenflecken im Hangwind über einen Maultierpfad treiben, der sich zwischen einer steilen Felswand und einem Abgrund wilden weißschäumenden Wassers hinzog. In italienischen Gärten knirschte an Sommerabenden einladend der Kies unter den Füßen, und durch die zunehmende Dunkelheit spähte Pilgram auf Büschel von Blüten, vor denen plötzlich ein Oleanderschwärmer erschien, der von Blume zu Blume schwebte, unverwandt summte und an den Kelchen verweilte, während seine Flügel so schnell schwirrten, dass nichts als ein geisterhafter Strahlenkranz um seinen stromlinienförmigen Leib wahrnehmbar war. Und das Allerbeste waren vielleicht die mit weißem Heidekraut bewachsenen Hügel bei Madrid, die Täler Andalusiens, die fruchtbare und waldige Sierra de Albarracin, wo ein kleiner, vom Bruder des Försters gesteuerter Bus eine gewundene Straße hinaufkeuchte.

Schwerer fiel es ihm, sich die Tropen vorzustellen, aber wenn er es tat, verspürte er einen noch heftigeren Schmerz, denn niemals würde er die hoch oben mit den Flügeln schlagenden brasilianischen Morphofalter fangen, die so groß und glänzend sind, dass sie einen azurblauen Widerschein auf die Hand werfen, niemals würde er auf jene Schwärme afrikanischer Schmetterlinge stoßen, die dicht beieinander wie ungezählte phantastische Fahnen im fetten schwarzen Schlamm steckten und sich in einer bunten Wolke erhoben, wenn sein Schatten sich näherte – ein langer, sehr langer Schatten.

3

»Ja, ja, ja«, murmelte er, nickte mit dem schweren Kopf und hielt den Kasten vor sich, als wäre er ein ihm teures Bildnis. Die Klingel über der Ladentür bimmelte, seine Frau kam mit einem nassen Regenschirm und einer Einkaufstasche herein, und er drehte ihr langsam den Rücken zu, um den Kasten zurück in den Schrank zu schieben. So ging das weiter, diese Besessenheit und diese Verzweiflung und diese nachtmahrische Unmöglichkeit, das Schicksal zu hintergehen, bis zu einem Apriltag, ausgerechnet einem ersten April. Über ein Jahr lang hatte er einen Schrank in Verwahrung, der einzig der Familie jener kleinen Glasflügler gewidmet war, die Wespen oder Mücken nachahmen. Die Witwe eines bedeutenden Kenners dieser Gruppe hatte Pilgram die Sammlung ihres Mannes in Kommission gegeben. Er beeilte sich, dem törichten Frauenzimmer zu versichern, dass er dafür nicht mehr als fünfundsiebzig Mark bekommen würde, obwohl er sehr wohl wusste, dass sie nach den Katalogpreisen fünfzigmal so viel wert war, so dass der Amateur, dem er sie für tausend Mark verkaufte, das für ein günstiges Geschäft halten würde. Dieser Amateur allerdings erschien nicht, obwohl Pilgram die reichsten Sammler angeschrieben hatte. So hatte er den Schrank weggeschlossen und die Gedanken daran aufgegeben.

An jenem Aprilmorgen kam ein sonnenverbrannter, bebrillter Mann in einem alten Regenmantel und ohne Hut auf seinem braunen kahlen Kopf hereingeschlendert und verlangte Kohlepapier. Pilgram steckte die kleinen Geldstücke, die er für das klebrige violette Zeug bekam, dessen Berührung ihm so verhasst war, in den Schlitz einer kleinen tönernen Sparbüchse, saugte an seiner Pfeife und starrte ins Leere. Der Mann blickte sich schnell im Laden um und machte eine Bemerkung über die ungemeine Leuchtkraft eines schillernd grünen Insekts mit vielen Schwanzfortsätzen an den Flügeln. Pilgram murmelte etwas von Madagaskar. »Und das da ist doch kein Schmetterling, nicht?«, sagte der Mann und wies auf ein anderes Stück. Pilgram erwiderte langsam, dass er eine ganze Sammlung jener Gattung habe. »Ach was!«, sagte der Mann. Pilgram kratzte sein stoppliges Kinn und humpelte in den Hintergrund des Ladens. Er zog einen Kasten mit Glasdeckel hervor und stellte ihn auf den Ladentisch. Der Mann beugte sich über diese winzigen, glasigen Wesen mit den orangefarbenen Füßen und den umgürteten Körpern. Pilgram zeigte mit dem Pfeifenstiel auf eine der Reihen, und im selben Augenblick rief der Mann: »Meine Güte – *uralensis*!« – und das verriet ihn. Kasten auf Kasten stapelte Pilgram auf den Ladentisch, als ihm aufging, dass der Besucher ganz genau von dem Vorhandensein der Sammlung wusste, dass er um ihretwillen gekommen war, ja dass er der reiche Sammler Sommer war, an den er geschrieben hatte und der gerade von einer Reise nach Venezuela zurückgekehrt war; und als endlich beiläufig die Frage gestellt wurde: »Nun, und wie viel würde das kosten?« – da lächelte Pilgram.

Er wusste, dass es Wahnsinn war; er wusste, er würde Eleonore hilflos zurücklassen, Schulden, unbezahlte Steuern, einen Laden, in dem nur Kleinkram verkauft wurde; er wusste, dass er mit den neunhundertfünfzig Mark, die er möglicherweise bekäme, nur ein paar Monate lang verreisen könnte; und doch nahm er alles das auf sich, denn er war ein Mann, der spürte, dass nur das öde Alter vor ihm lag und dass das Glück, das ihm jetzt winkte, seine Einladung niemals wiederholen würde.

Als Sommer schließlich sagte, dass er ihn am vierten seine Entscheidung wissen lassen würde, da wurde Pilgram klar, dass der Traum seines Lebens im Begriffe stand, endlich aus seinem alten, zerkrumpelten Kokon zu schlüpfen. Mehrere Stunden verwendete er auf das Studium einer Landkarte, legte sich eine Reiseroute zurecht, bedachte, zu welcher Zeit diese Art oder jene vorkommen würde, und plötzlich flimmerte es schwarz und blendend vor seinen Augen, und er stolperte eine ganze Weile in seinem Laden herum, ehe er sich wieder besser fühlte. Der vierte kam, aber Sommer ließ sich nicht sehen, und nachdem er den ganzen Tag gewartet hatte, zog sich Pilgram in sein Schlafzimmer zurück und legte sich wortlos nieder. Er lehnte sein Abendbrot ab und schimpfte ein paar Minuten lang mit geschlossenen Augen auf seine Frau, im Glauben, dass sie noch neben ihm stünde; dann hörte er sie leise in der Küche weinen und spielte mit dem Gedanken, sich eine Axt zu nehmen und ihr den Schädel mit dem fahlen Haar einzuschlagen. Am nächsten Tag blieb er im Bett, und Eleonore sorgte an seiner statt für den

Laden und verkaufte einen Tuschkasten. Und noch einen Tag später, als das Ganze ihm nur noch wie ein Fiebertraum vorkam, betrat Sommer den Laden, eine Nelke im Knopfloch und den Regenmantel über dem Arm. Als er ein Bündel Papiergeld hervorholte und die Banknoten raschelten, begann Pilgrams Nase heftig zu bluten.

Die Ablieferung des Schrankes und ein Besuch bei der leichtgläubigen alten Frau, der er widerwillig fünfzig Mark gab, waren das Letzte, was er in der Stadt zu tun hatte. Der viel kostspieligere Gang zum Reisebüro bezog sich schon auf sein neues Leben, in dem nur noch Schmetterlinge von Bedeutung waren. Obwohl Eleonore nichts von den Transaktionen ihres Mannes wusste, sah sie glücklich aus, denn sie hatte das Gefühl, dass er ein einträgliches Geschäft gemacht hatte, fürchtete sich aber, zu fragen, wie viel dabei abgefallen war. Diesen Nachmittag kam ein Nachbar vorbei, um daran zu erinnern, dass seine Tochter am Tag darauf heiraten würde. So machte sich Eleonore am anderen Morgen damit zu schaffen, ihr Seidenkleid in Ordnung zu bringen und den besten Anzug ihres Mannes zu bügeln. Sie würde etwa um fünf hingehen, überlegte sie, und er könnte später kommen, nach Ladenschluss. Als er sie mit verdutztem Stirnrunzeln anschaute und sich rundheraus weigerte mitzugehen, überraschte es sie nicht, denn seit langem war sie Enttäuschungen aller Art gewohnt. »Vielleicht gibt es Sekt«, sagte sie, als sie bereits in der Ladentür stand. Keine Antwort – nur das Hin- und Herschieben der Kästen. Nachdenklich sah sie auf die hübschen sauberen Handschuhe, die sie angezogen hatte, und ging.

Nachdem Pilgram die wertvolleren Sammlungen in Ordnung gebracht hatte, sah er auf die Uhr und stellte fest, dass es Zeit war, zu packen: Sein Zug fuhr um 8.29 Uhr. Er schloss den Laden ab, schleppte den alten, karierten Koffer seines Vaters aus dem Korridor und packte zuallererst die Fanggeräte: ein zusammenlegbares Netz, Tötungsgläser, Sammelschachteln, eine Handlampe für den Nachtfang auf den Sierras und ein paar Päckchen mit Nadeln. Dann fiel ihm ein, auch noch ein paar Spannbretter und einen Kasten mit Korkboden mitzunehmen, obwohl er die Absicht hatte, seine Funde im Allgemeinen in kleinen dreieckigen Papiertüten aufzubewahren, wie es auf Reisen von Ort zu Ort üblich ist. Darauf trug er den Koffer ins Schlafzimmer und warf einige Paar dicke Socken und etwas Unterwäsche hinein. Er fügte zwei oder drei Sachen hinzu, die im Notfall verkauft werden konnten – etwa einen Silberbecher und eine Bronzemedaille in einer Samtschachtel, die seinem Schwiegervater gehört hatten.

Wieder schaute er auf die Uhr und kam zu dem Schluss, dass es Zeit war, sich auf den Weg zum Bahnhof zu machen. »Eleonore!«, rief er laut, während er sich den Mantel anzog. Da sie nicht antwortete, blickte er in die Küche. Nein, sie war nicht da; und dann erinnerte er sich undeutlich, dass von irgendeiner Hochzeit die Rede gewesen war. Eilig nahm er einen Fetzen Papier und kritzelte mit einem Bleistift ein paar Worte. Den Zettel und die Schlüssel legte er an einen auffälligen Ort, und vor Aufregung fröstelnd und mit einem Ziehen in der Magengrube versicherte er sich zum letzten Mal, dass das Geld und die Fahrkarten in seiner Brieftasche waren. »Also los!«, sagte Pilgram und nahm den Koffer.

Doch da dies seine erste Reise war, überlegte er immer noch nervös, ob er wohl irgendetwas vergessen hätte; dann fiel ihm ein, dass er kein Kleingeld bei sich hatte, und er erinnerte sich an die tönerne Sparbüchse, in der sich ein paar Geldstücke befinden mochten. Ächzend und mit dem schweren Koffer überall aneckend, ging er zurück zum Ladentisch. Im Dämmerlicht des sonderbar stillen Ladens starrten ihn von allen Seiten die Augenflecken der Schmetterlingsflügel an, und Pilgram empfand fast etwas Unheimliches in dem Überfluss des ungeheuren Glücks, das sich wie ein Berg zu ihm herüberneigte. Er versuchte, die wissenden Blicke dieser zahllosen Augen zu vermeiden, holte tief Atem, erblickte verschwommen die Sparbüchse, die in der Luft zu schweben schien, und streckte schnell die Hand danach aus. Die Büchse entglitt seinen feuchten Händen, zerschellte auf dem Fußboden, und schwindelig rollten die funkelnden Münzen umher; Pilgram bückte sich tief, um sie aufzuheben.

4

Es wurde Nacht; ein schlüpfriger, polierter Mond glitt reibungslos zwischen Chinchillawolken dahin, und Eleonore, die, immer noch erregt vom Wein und den saftigen Witzen, ohne Eile vom Hochzeitsessen heimkehrte, dachte an ihre eigene Hochzeit. Alle Gedanken, die ihr jetzt durch den Kopf gingen, drehten und wendeten sich irgendwie so, dass sie ihr ihre mondhelle, erfreuliche Seite zukehrten; fast war sie heiter, als sie in den Torweg bog und die Tür öffnete, und sie ertappte sich bei dem Gedanken, dass es gewiss etwas Großartiges sei, eine eigene Wohnung zu haben, mochte sie auch muffig und dunkel sein. Lächelnd knipste sie das Licht im Schlafzimmer an und bemerkte sofort, dass alle Schubladen offenstanden: Aber es blieb ihr kaum Zeit, an Einbrecher zu denken, denn auf dem Nachttisch lagen die Schlüssel, und am Wecker lehnte ein Zettel. Sein Inhalt war lakonisch: »Bin nach Spanien gefahren. Fass nichts an, bis ich schreibe. Borg dir was von Sch. oder W. Füttre die Eidechsen.«

In der Küche tropfte der Wasserhahn. Automatisch hob sie die silberne Handtasche auf, die ihr entfallen war, und blieb aufrecht und still auf der Bettkante sitzen, die Hände im Schoß, als würde sie fotografiert. Etwas später stand jemand auf, ging durch das Zimmer, sah nach dem verriegelten Fenster, kam zurück, während sie teilnahmslos zuschaute, ohne zu begreifen, dass sie selber es war, die sich von der Stelle rührte. Langsam fielen die Tropfen, und plötzlich machte es ihr Angst, so allein in der Wohnung zu sein. Der Mann, den sie seiner stummen Allwissenheit, seiner unerschütterlichen Derbheit, seiner finsteren Arbeitswut wegen geliebt hatte, er hatte sich davongemacht ... Es war ihr zumute, als müsste sie heulen, zur Polizei laufen, ihren Trauschein vorweisen, fordern, flehen; aber sie blieb sitzen, das Haar leicht zerrauft, die Hände in den weißen Handschuhen.

Ja, Pilgram war weit, sehr weit. Höchstwahrscheinlich war er in Granada gewesen und in Murcia und in der Sierra de Albarracín und war noch weiter gereist, nach Surinam oder Taprobane; und kaum kann man bezweifeln, dass er alle die herrlichen Insekten seiner Sehnsucht gesehen hatte – samtene schwarze Schmetterlinge, die hoch über dem Urwald fliegen, einen winzigen tasmanischen Nachtfalter, jenen chinesischen Dickkopffalter, der lebend nach zerdrückten Rosen riechen soll, und den schönen Falter mit den kurzen Fühlern, den ein Mr. Baron gerade in Mexiko entdeckt hatte. So ist es in gewissem Sinne ohne Bedeutung, dass Eleonore, als sie einige Zeit später in den Laden ging, den karierten Koffer erblickte und dann ihren Mann, der inmitten verstreuter Geldstücke mit dem Rücken zum Ladentisch ausgestreckt auf dem Fußboden lag, das aschgraue Gesicht vom Tode gewaltsam verunstaltet.

Wolke, Burg, See

Einer meiner Vertreter – ein bescheidener, freundlicher Junggeselle, sehr tüchtig – gewann auf einem von russischen Flüchtlingen veranstalteten Wohltätigkeitsball eine Vergnügungsreise. Es war 1936 oder 1937. Der Berliner Sommer stand in vollen Fluten (es war die zweite Woche kalten und feuchten Wetters und ein Jammer zu sehen, was alles umsonst grün geworden war, und nur die Spatzen blieben guter Dinge); er hatte keine Lust, irgendwohin zu fahren, aber als er versuchte, im Büro für Vergnügungsreisen seine Fahrkarte zu verkaufen, erfuhr er, dass es dazu einer besonderen Genehmigung des Verkehrsministeriums bedürfe; als er es dort versuchte, stellte sich heraus, dass er zuvor bei einem Notariat einen komplizierten vorgedruckten Antrag einreichen müsse; und außerdem habe er sich bei der Polizei eine sogenannte »Nichtabwesenheitsbescheinigung für die Sommermonate« zu beschaffen.

Also seufzte er ein wenig und beschloss, zu reisen. Er lieh sich von Freunden eine Aluminiumflasche, ließ seine Schuhe besohlen, kaufte einen Gürtel und ein modisches Flanellhemd – eines jener feigen Biester, die sich schon in der ersten Wäsche ganz klein machen. Übrigens war es zu weit für diesen liebenswerten kleinen Mann mit dem immer sorgfältig geschnittenen Haar und den klugen und gütigen Augen. Ich kann mich im Augenblick nicht an seinen Namen erinnern; ich glaube, er hieß Wassilij Iwanowitsch.

Er schlief schlecht in der Nacht vor der Abreise. Und warum? Weil er ungewöhnlich früh aufstehen musste und daher das feine, zerbrechliche Gesicht der Uhr, die auf dem Nachttisch tickte, mit in seine Träume nahm; hauptsächlich aber, weil er ausgerechnet in dieser Nacht und ohne jeden Grund anfing, sich einzubilden, dass diese Reise, die ihm von einem weiblichen Fatum in tief ausgeschnittenem Ballkleid gewaltsam aufgedrängt worden war, diese Reise, die er so widerstrebend angenommen hatte, ihm ein wunderbares bebendes Glück bescheren würde. Dieses Glück würde etwas mit seiner Kindheit gemein haben und mit der Erregung, in die ihn russische Lyrik versetzte, und mit einem Abendhorizont, wie er ihn einmal im Traum gesehen hatte, und mit jener Dame, der Frau eines anderen Mannes, die er sieben Jahre hindurch hoffnungslos geliebt hatte – aber es würde erfüllter und bedeutungsvoller sein als alles andere. Und außerdem hatte er das Gefühl, dass das wirklich lebenswerte Leben auf etwas oder jemanden gerichtet sein müsse.

Der Morgen war trübe, aber dampfend warm und schwül, mit einem inneren Licht, und es war nicht unangenehm, in einer Straßenbahn zum entfernten Bahnhof zu rattern, der zum Treffpunkt bestimmt war: Es sollten – leider – mehrere Personen an dieser Reise teilnehmen. Wer würden sie sein, diese schläfrigen Geschöpfe, so schläfrig, wie uns alle noch unbekannten Wesen erscheinen? Am Schalter 6, um 7 Uhr früh, wie in der Anweisung angegeben, die an die Fahrkarte geheftet war, sah er sie (sie warteten schon; es war ihm gelungen, ungefähr drei Minuten zu spät zu kommen).

Ein hochaufgeschossener blonder junger Mann in Tirolertracht fiel sogleich auf. Er war rotgebrannt wie ein Hahnenkamm, hatte ziegelrote Knie mit goldenen Härchen darauf, und seine Nase sah aus wie lackiert. Er war der Führer, den das Reisebüro stellte, und sobald der Neuankömmling die Gruppe erreicht hatte (die aus vier Frauen und ebenso vielen Männern bestand), führte er alle an einen Zug, der hinter anderen Zügen verborgen stand, trug dabei seinen monströsen Rucksack mit erschreckender Leichtigkeit und stampfte mit seinen Nagelschuhen fest auf.

In einem leeren Wagen, eindeutig dritter Klasse, fand jeder Platz, und Wassilij Iwanowitsch, der sich abseits gesetzt und einen Pfefferminzbonbon in den Mund gesteckt hatte, öffnete einen kleinen Band Tjuttschew, den er schon lange wieder einmal lesen wollte; aber er wurde ersucht, das Buch zur Seite zu legen und sich der Gruppe anzuschließen. Ein älterer, bebrillter Postbeamter, dessen Schädel, Kinn und Oberlippe stachelig blau waren, als hätte er speziell für diese Reise einen außerordentlich üppigen und harten Bartwuchs abrasiert, verkündete sofort, dass er in Russland gewesen sei und etwas Russisch könne – zum Beispiel *pozelyj* –, und begann in Erinnerungen an irgendwelche Techtelmechtel in Zarizyn so mit den Augen zu zwinkern, dass seine beleibte Frau in der Luft mit dem Handrücken eine Ohrfeige beschrieb. Die Gesellschaft begann laut zu werden. Vier Angestellte der gleichen Baufirma warfen einander schwere Scherze zu: ein Mann mittleren Alters, Schultz; ein jüngerer Mann, auch Schultz, und zwei zappelige Frauen mit großem Mund und großem Hinterteil. Die rothaarige, ziemlich burleske Witwe im Sportrock kannte Russland auch ein wenig (den Strand von Riga). Außerdem gab es noch einen dunkelhaarigen jungen Mann namens Schramm mit glanzlosen Augen und einer vagen, samtweichen Niedertracht in Wesen und Manieren, der ständig die Unterhaltung auf diesen oder jenen Vorzug der Reise lenkte und das erste Signal zu entzücktem Lob gab; er war, wie sich später herausstellte, ein vom Büro für Vergnügungsreisen mitgeschickter Stimmungsmacher.

Die Lokomotive eilte mit fuchtelnden Ellbogen durch einen Kiefernwald, dann – gelassener – zwischen Feldern hindurch. Während er vorläufig die ganze Absurdität und Schrecklichkeit der Situation nur dunkel ahnte und sich vielleicht einzureden versuchte, dass dies alles doch sehr nett sei, brachte Wassilij Iwanowitsch es fertig, die schnell dahinfliegenden Gaben der Straße zu genießen. Und wahrhaftig, wie verlockend doch alles ist, welchen Charme die Welt gewinnt, wenn sie aufgezogen wird und sich dann wie ein Karussell bewegt! Die Sonne kroch auf eine Ecke des Fensters zu und ergoss sich plötzlich über die gelbe Bank. Der schlecht gebügelte Schatten des Wagens raste wie verrückt an der grasbewachsenen Böschung entlang, wo Blumen zu Farbstreifen verschmolzen. Ein Bahnübergang: ein Radfahrer wartete, einen Fuß auf dem Boden. Bäume tauchten auf, einzeln und in Gruppen, drehten sich kühl und gefällig und führten die neuesten Moden vor. Die blaue Feuchte eines Hohlweges. Eine Liebeserinnerung, als Wiese verkleidet. Wuschelige Wolken – Windspiele des Himmels.

Uns beide, Wassilij Iwanowitsch und mich, hat die Anonymität aller Teile einer Landschaft, die der Seele so gefährlich ist, immer beeindruckt, die Unmöglichkeit, jemals herauszufinden, wohin der Pfad, den man gerade sieht, führt – und schau, was für ein verführerisches Dickicht! Es geschah hie und da, dass an einem entfernten Hang oder in einer Lücke zwischen den Bäumen für einen Augenblick ein bezaubernder Fleck auftauchte, einen Augenblick verhielt, wie in den Lungen angehaltene Luft, ein Rasen, eine Terrasse – ein so vollkommener Ausdruck zarter, wohlmeinender Schönheit –, dass es schien, wenn es gelänge, den Zug anzuhalten und dorthin zu wandeln, auf immer zu dir, Geliebte ... Aber schon jagten tausend Buchenstämme wild vorüber, wirbelten in einem siedenden Sonnentümpel, und schon war die Gelegenheit, glücklich zu sein, vorüber.

An den Stationen betrachtete Wassilij Iwanowitsch die Formen irgendwelcher völlig bedeutungsloser Gegenstände – eines Schmutzflecks auf dem Bahnsteig, eines Kirschkerns, eines Zigarettenstummels – und sagte sich, dass er sich nie, nie wieder an diese drei kleinen Dinge hier in dieser besonderen Beziehung zueinander erinnern würde, an dieses Muster, das er jetzt in so unsterblicher Genauigkeit sehen konnte; oder wenn er eine Gruppe Kinder sah, die auf einen Zug warteten, versuchte er mit aller Macht, wenigstens einen bemerkenswerten Lebenslauf herauszufinden – in Form einer Violine oder einer Krone, eines Propellers oder einer Leier –, und schaute so lange, bis die Gruppe Dorfschuljungen aussah wie auf einer alten, nunmehr abgebildeten Fotografie mit einem kleinen weißen Kreuz über dem Gesicht des letzten Jungen ganz rechts: des Helden Kindheit.

Aber man konnte immer nur kurze Zeit aus dem Fenster sehen. Es waren an alle vom Reisebüro Noten mit Versen verteilt worden:

»Spinne nicht, sei unverdrossen,
Nimm den Knotenstock zur Hand,
Such dir muntre Weggenossen
Und durchstreife Feld und Land.

Gras und Stoppeln untern Sohlen,
Muntre Burschen um dich her:
Sorgen soll der Teufel holen.
Sei kein Eigenbrötler mehr!

Es marschiert und schwitzt ein jeder,
Und die Feldmaus stirbt und schreit.
Kerle ganz aus Stahl und Leder
In der Heideeinsamkeit.«

Das sollte gemeinsam gesungen werden: Wassilij Iwanowitsch, der nicht nur nicht singen, sondern nicht einmal die deutschen Worte klar aussprechen konnte, nutzte den ohrenbetäubenden Lärm dazu, einfach nur den Mund weit aufzureißen und sich leise hin und her zu wiegen, als ob er wirklich sänge – aber auf ein Zeichen des heimtückischen Schramm stoppte der Führer plötzlich den allgemeinen Gesang und forderte Wassilij Iwanowitsch mit einem seitlichen Blick auf, allein zu singen. Wassilij Iwanowitsch räusperte sich, begann zaghaft, und nach einer Minute einsamer Qual stimmten alle ein; danach wagte er es nicht mehr, auszusetzen.

Er hatte sich seine Lieblingsgurke aus dem russischen Laden mitgenommen, einen Laib Brot und drei Eier. Als es Abend wurde und die niedere rote Sonne voll in den verschmutzten, seekranken, vom eigenen Lärm betäubten Wagen schien, wurden alle aufgefordert, ihren Reiseproviant abzugeben, damit er redlich geteilt werde – das war besonders einfach, weil alle außer Wassilij Iwanowitsch dasselbe mithatten. Die Gurke belustigte alle, wurde für ungenießbar erklärt und aus dem Fenster geworfen. In Anbetracht seines unzureichenden Beitrags zur Mahlzeit bekam Wassilij Iwanowitsch eine kleinere Portion Wurst.

Er musste Karten spielen. Sie zerrten ihn herum, fragten ihn aus, prüften, ob er die Reiseroute auf der Karte zeigen könne – mit einem Wort, alle befassten sich mit ihm, zuerst gutmütig, dann voller Bosheit, die mit dem Herannahen der Nacht zunahm. Beide Mädchen hießen Greta; die rothaarige Witwe sah irgendwie dem hahnenhaften Führer ähnlich; Schramm, Schultz und der andere Schultz, der Postbeamte und seine Frau, alle wuchsen sie nach und nach zusammen, verschmolzen miteinander, bildeten ein kollektives, wabbelndes, vielhändiges Wesen, dem man nicht entfliehen konnte. Es drang von allen Seiten auf ihn ein. Aber plötzlich stiegen an irgendeiner Station alle aus, und es war schon dunkel, obwohl im Westen noch immer eine sehr lange, sehr rosarote Wolke hing, und ein Stück weiter das Gleis entlang zitterte der Stern einer Lampe mit herzzerreißendem Licht durch den schwerfälligen Rauch der Lokomotive, und Grillen zirpten im Dunkeln, und von irgendwoher kam der Duft von Jasmin und Heu, Geliebte.

Sie verbrachten die Nacht in einem baufälligen Gasthof. Eine ausgewachsene Wanze ist schauderhaft, aber es liegt eine gewisse Grazie in den Bewegungen eines seidigen Silberfischchens. Der Postbeamte wurde von seiner Frau getrennt, die mit der Witwe untergebracht wurde; er wurde für die Nacht Wassilij Iwanowitsch zugeteilt. Die beiden Betten nahmen den ganzen Raum ein. Steppdecke obendrauf, Nachttopf untendrunter. Der Postmensch sagte, dass er irgendwie gar nicht müde sei, und fing an, von seinen russischen Abenteuern zu erzählen, weit ausführlicher als im Zug. Er war ein tyrannischer Kerl, gründlich und hartnäckig, in langen baumwollenen Unterhosen, mit perlmutternen Krallen an den schmutzigen Zehen und Bärenfell zwischen den fetten Brüsten. Ein Nachtfalter stieß flatternd an die Decke und spielte mit seinem Schatten. »In Zarizyn«, sagte er, »gibt es jetzt drei Schulen, eine deutsche, eine tschechische und eine chinesische. Jedenfalls erzählte mir das mein Schwager; er war dort in einer Traktorenfabrik.«

Am nächsten Tag wirbelten sie vom frühen Morgen bis fünf Uhr nachmittags den Staub entlang einer Landstraße auf, die sich von Hügel zu Hügel wellte; dann schlugen sie einen grünen Weg durch dichten Tannenwald ein. Wassilij Iwanowitsch, der am wenigsten zu tragen hatte, musste ein riesiges rundes Brot unter den Arm nehmen. Wie ich dich hasse, du unser tägliches! Aber noch immer bemerkten seine kostbaren, erfahrenen Augen alles Notwendige. Vor dem Hintergrund des Tannendunkels hing vertikal eine dürre Nadel an einem unsichtbaren Faden. Wieder drängelten sie sich mit Sack und Pack in einen Zug, und wieder war der kleine, abteillose Wagen leer. Der andere Schultz versuchte, Wassilij Iwanowitsch das Mandolinespielen beizubringen. Es wurde viel gelacht. Als sie dessen müde wurden, dachten sie sich ein großartiges Spiel aus, das von Schramm überwacht wurde. Es ging so: Die Frauen legten sich auf die Bänke, die sie sich auszusuchen hatten und unter denen schon die Männer versteckt waren, und wenn unter einer solchen Bank hervor dann ein rotes Gesicht mit Ohren oder eine große gespreizte Hand auftauchte, mit gekrümmten Fingern den Rock anhob (was viel Kreischen verursachte), dann kam heraus, welche Pärchen sich ergeben hatten. Dreimal legte sich Wassilij Iwanowitsch in die schmutzige Finsternis nieder, und dreimal stellte sich heraus, dass niemand auf der Bank lag, als er wieder hervorkroch. Er wurde als Verlierer ausgerufen und gezwungen, einen Zigarettenstummel zu essen.

Sie verbrachten die Nacht auf Strohsäcken in einer Scheune und brachen am frühen Morgen wieder zu Fuß auf. Tannen, tiefe Schluchten, schäumende Flüsse. Von der Hitze, von den Liedern, die man ständig grölen musste, war Wassilij Iwanowitsch so erschöpft, dass er zur Mittagsrast sofort einschlief und erst wieder erwachte, als sie anfingen, nach Pferdebremsen zu schlagen, die angeblich auf ihm saßen. Aber nach einer weiteren Stunde Marsches ward plötzlich jenes Glücksgefühl entdeckt, von dem er einst halb geträumt hatte.

Es war ein klarer blauer See mit einem ungewöhnlichen Ausdruck des Wassers. In der Mitte spiegelte sich eine große Wolke in ihrer ganzen Größe. Auf der anderen Seite, auf einem dicht mit Grün bedeckten Hügel (und je dunkler das Grün, desto poetischer ist es), stand eine alte und schwärzliche Burg, die von Daktylus anstieg zu Daktylus. Gewiss, es gab viele solcher Ansichten in Mitteleuropa, aber gerade diese – in der unbeschreiblichen und einzigartigen Harmonie ihrer drei wesentlichen Teile, in ihrem Lächeln, in einer ihr eigenen geheimnisvollen Unschuld, Geliebte! Gehorsame! – war etwas so Einzigartiges und so Vertrautes und so lang Verheißenes, und sie *verstand* ihren Betrachter so gut, dass Wassilij Iwanowitsch sogar die Hand aufs Herz presste, als wolle er sehen, ob sein Herz noch da sei, damit er es hergeben könne.

In einiger Entfernung machte Schramm, indem er mit dem Alpenstock des Führers in die Luft stach, die Ausflügler auf dieses oder jenes aufmerksam; sie hatten sich im Gras niedergelassen, in Posen, wie man sie auf Amateurschnappschüssen sieht, während der Führer auf einem Baumstumpf saß, das Hinterteil dem See zugekehrt, und ein Vesper einnahm. Ganz still, sich im eigenen Schatten verbergend, folgte Wassilij Iwanowitsch dem Ufer und kam an eine Art Gasthaus. Ein noch recht junger Hund begrüßte ihn; er kroch auf dem Bauch, mit lachenden Lefzen, während der Schwanz heftig den Boden schlug. Wassilij Iwanowitsch begleitete den Hund ins Haus, ein buntscheckiges, zweistöckiges Gebäude mit einem blitzenden Fenster unter einem Augenlid aus konvexen Ziegeln; und er fand den Eigentümer, einen großen alten Mann, der fast wie ein russischer Kriegsveteran aussah und so schlecht mit einem so weichen schleppenden Akzent Deutsch sprach, dass Wassilij Iwanowitsch zu seiner Muttersprache überwechselte, aber wie in einem Traum verstand ihn der Mann und sprach selbst in der Sprache seiner Umgebung, seiner Familie weiter.

Oben war ein Zimmer für Feriengäste. »Wissen Sie, ich werde es für den Rest meines Lebens mieten«, soll Wassilij Iwanowitsch gesagt haben, sobald er es betreten hatte. Das Zimmer selbst hatte nichts Bemerkenswertes. Im Gegenteil, es war ein ganz gewöhnliches Zimmer mit rotem Fußboden, Gänseblümchen waren an die weißen Wände gekleckst, und ein kleiner Spiegel war halb voll mit der gelben Infusion der reflektierten Blumen – aber vom Fenster aus konnte man deutlich den See mit seiner Wolke und seiner Burg sehen, in einer reglosen und vollkommenen Wechselbeziehung des Glücks. Ohne zu überlegen, ohne nachzudenken ergab er sich völlig einer Neigung, deren Wahrheit in ihrer Kraft lag, einer Kraft, die er nie zuvor erfahren hatte, und in einer strahlenden Sekunde erkannte Wassilij Iwanowitsch, dass hier, in diesem kleinen Zimmer mit diesem Ausblick, der bis an den Rand der Tränen schön war, das Leben endlich sein würde, wie er es sich immer gewünscht hatte. Wie es genau sein würde, was hier geschehen würde, das natürlich wusste er nicht, aber alles um ihn her war Hilfe, Verheißung und Trost – so dass es keinen Zweifel darüber geben konnte, dass er hier leben musste. In einem Augenblick hatte er sich überlegt, wie es anzufangen sei, dass er nicht wieder nach Berlin zurückzukehren hätte, wie er sein weniges Hab und Gut hierher bekommen konnte – Bücher, den blauen Anzug, ihre Fotografie. Wie einfach sich alles ergab! Als mein Vertreter verdiente er genug für das bescheidene Leben eines russischen Flüchtlings.

»Freunde!«, rief er, als er wieder zur Wiese am Seeufer hinabgerannt war. »Freunde, auf Wiedersehen! Ich bleibe für immer in dem Haus da drüben. Wir können nicht zusammen weiterreisen. Ich gehe nicht weiter. Ich gehe nirgends mehr hin. Auf Wiedersehen.«

»Was soll das heißen?«, sagte der Führer mit sonderbarer Stimme nach einer kurzen Pause, während deren das Lächeln auf den Lippen Wassilij Iwanowitschs langsam verlosch und die Leute, die im Gras gesessen hatten, sich halb aufrichteten und ihn mit versteinertem Blick anstarrten.

»Aber was denn?«, stammelte er. »Erst hier habe ich …«

»Ruhe!«, brüllte plötzlich der Postbeamte mit aller Kraft. »Komm zur Besinnung, du besoffenes Schwein!«

»Moment mal, meine Herren«, sagte der Führer, und nachdem er sich mit der Zunge über die Lippen gefahren war, wandte er sich Wassilij Iwanowitsch zu.

»Sie haben wahrscheinlich getrunken«, sagte er ganz ruhig. »Oder Sie haben den Verstand verloren. Sie machen mit uns eine Vergnügungsreise. Morgen – sehen Sie auf Ihre Fahrkarte – werden Sie laut festgelegter Reiseroute mit uns nach Berlin zurückfahren. Es kommt gar nicht in Frage, dass jemand – in diesem Falle Sie – sich weigert, an dieser gemeinsamen Reise weiter teilzunehmen. Wir haben heute ein gewisses Lied gesungen – versuchen Sie sich an seinen Text zu erinnern. So, das wäre alles. Kommt, Kinder, es geht weiter.«

»In Ewald gibt es Bier«, sagte Schramm mit schmeichelnder Stimme. »Fünf Stunden mit der Bahn. Wanderungen. Eine Jagdhütte. Kohlenbergwerke. Viele interessante Dinge.«

»Ich werde mich beschweren«, jammerte Wassilij Iwanowitsch. »Geben Sie mir meine Tasche wieder. Ich habe das Recht, zu bleiben, wo ich will. Was, dies ist ja geradezu eine Einladung zur Hinrichtung« – so schrie er, wie er mir erzählte, als sie ihn an den Armen packten.

»Wenn nötig, tragen wir Sie«, sagte der Führer grimmig, »aber das wird nicht sehr vergnüglich sein. Ich bin für jeden von euch verantwortlich und werde jeden Einzelnen von euch wieder zurückbringen, tot oder lebendig.«

Wassilij Iwanowitsch, wie in einem grässlichen Märchen über einen Waldweg geschleift, gequetscht und gezerrt, konnte sich nicht einmal mehr umsehen und spürte nur, wie das Strahlen in seinem Rücken langsam nachließ, von Bäumen gebrochen wurde – und dann war es verschwunden und die dunklen Tannen ringsum erbosten sich, aber sie konnten nicht eingreifen. Sobald alle in den Wagen gestiegen waren und der Zug sich in Bewegung gesetzt hatte, fingen sie an, ihn zu schlagen – sie schlugen ihn lange und mit großer Erfindungsgabe. Es fiel ihnen unter anderem ein, einen Korkenzieher an seinen Handflächen zu probieren; dann an seinen Füßen. Der Postbeamte, der in Russland gewesen war, machte aus einem Stock und einem Gürtel eine russische Knute und gebrauchte sie mit teuflischer Geschicklichkeit. Gut so, gib's ihm! Die anderen Männer verließen sich mehr auf ihre eisenbeschlagenen Absätze, während die Frauen sich damit begnügten, zu kneifen und zu schlagen. Alle hatten einen Heidenspaß.

Als er nach Berlin zurückgekehrt war, suchte er mich auf, war sehr verändert, setzte sich still nieder, legte die Hände auf die Knie, erzählte seine Geschichte; wiederholte ständig, dass er seinen Posten aufgeben müsse, bat mich, ihn gehen zu lassen, bestand darauf, dass er nicht weitermachen könne, dass er nicht die Kraft habe, länger der Menschheit anzugehören. Natürlich ließ ich ihn gehen.

Frühling in Fialta

Der Frühling in Fialta ist wolkig und trüb. Alles ist feucht: die scheckigen Stämme der Platanen, die Wacholdersträucher, die Geländer, der Kies. Weit entfernt erblickt man zwischen den gezackten Kanten bläulich-fahler Häuser, die sich wankend von den Knien erheben, um den Hang zu erklimmen (eine Zypresse weist ihnen den Weg), verschwommen den wässerig-verschleierten Mt. Sankt Georg, der seinem Abbild auf jenen Ansichtskarten unähnlicher denn je sieht, die seit etwa 1910 (diese Strohhüte, diese jugendlichen Droschkenkutscher!) den Touristen von ihrem traurigen Ständerkarussell aus umwerben, umgeben von Steinbrocken mit Amethystzähnen und den Konsolenträumen von Seemuscheln. Ein schwacher Geruch nach Verbranntem hängt in der Luft, die windstill ist und warm. Das Meer, dessen Salz von einer Regenlösung überspült wird, ist eher grau als bläulich-grün, und seine Wellen sind zu schwerfällig, um schäumend zu brechen.

An einem solchen Tag in den frühen dreißiger Jahren fand ich mich, alle meine Sinne weit geöffnet, in einer der steilen kleinen Straßen Fialtas und nahm alles gleichzeitig in mich auf – das maritime Rokoko in der Bude, die Korallenkruzifixe in einem Schaufenster, den verzagten Anschlag eines Wanderzirkus (eine Ecke des durchnässten Papiers hatte sich von der Mauer gelöst) und ein gelbes Stück unreifer Apfelsinenschale auf dem alten, schieferblauen Gehsteig, der sich hier und da eine schwindende Erinnerung an ein uraltes Mosaikmuster bewahrt hatte. Ich liebe Fialta; ich liebe es, weil ich in der Höhlung dieser veilchenblauen Silben die süße, dunkle Feuchtigkeit der krumpeligsten aller kleinen Blumen spüre und weil seine Viola den Alt des Namens einer wunderschönen Stadt auf der Krim nachbildet; und auch darum liebe ich es, weil gerade in der Schlaftrunkenheit seiner feuchten Vorosterzeit etwas liegt, das der Seele besonders wohltut. So war ich denn glücklich, wieder dort zu sein, dem kleinen Bach im Rinnstein entgegen bergan zu steigen, ohne Hut, mit nassem Kopf, die Haut schon von Wärme durchtränkt, obwohl ich über dem Hemd nur einen leichten Regenmantel trug.

Ich war mit dem Capparabella-Express gekommen, der mit jenem leichtfertigen Schwung, welcher Eisenbahnzügen in gebirgiger Gegend eigen ist, sich donnernd Mühe gegeben hatte, während der Nacht so viele Tunnel wie möglich zu bewältigen. Einen oder zwei Tage, gerade so lange, wie es mir eine Atempause während einer Geschäftsreise erlaubte – länger gedachte ich nicht zu bleiben. Frau und Kinder hatte ich zu Hause gelassen, und sie bildeten eine Insel des Glücks, die im klaren Norden meines Wesens immerfort gegenwärtig war, die mich ständig begleitete, ja die, möchte ich sagen, durch mich hindurchtrieb, sich aber dennoch meist an der Außenseite meiner selbst hielt.

Ein Kind männlichen Geschlechts, ohne Hosen und mit einem prallen, schlammgrauen kleinen Bauch, trat unsicher von einer Türstufe und tappelte O-beinig davon; es versuchte, drei Apfelsinen auf einmal zu tragen, doch dauernd ließ es die jeweils dritte fallen, bis es selber hinfiel, worauf ein etwa zwölfjähriges Mädchen mit einer schweren Perlenkette um den dunklen Hals und einem Rock, der so lang war wie der einer Zigeunerin, prompt alle drei mit ihren geschickteren und zahlreicheren Händen fortnahm.

In der Nähe, auf der nassen Terrasse eines Cafés, wischte ein Kellner die Tischplatten ab; ein melancholischer Brigant, der die Bonbon-Spezialitäten des Ortes feilbot, kunstvoll aussehende Dinger mit mondartigem Glanz, hatte einen hoffnungslos vollen Korb auf die geborstene Balustrade gestellt, über die hinweg sich die beiden unterhielten. Der Nieselregen hatte entweder aufgehört, oder Fialta hatte sich so daran gewöhnt, dass es selber nicht mehr wusste, ob es feuchte Luft oder warmen Regen atmete. Ein Engländer in Knickerbockern, einer von der soliden, exportfähigen Sorte, der sich im Gehen aus einem Gummibeutel mit dem Daumen die Pfeife stopfte, kam unter einem Bogen hervor und betrat eine Apotheke, wo große bleiche Schwämme in einem blauen Gefäß hinter dem Glas verdursteten. Wie köstlich das Wohlgefühl, das ich durch meine Adern rieseln spürte, wie dankbar antwortete alles in mir auf die Vibrationen und Emanationen dieses grauen Tages, der mit einer Frühlingsessenz gesättigt war, welcher er selber anscheinend nur langsam gewahr wurde! Meine Nerven waren nach einer schlaflosen Nacht ungewöhnlich empfänglich; ich sog alles in mich ein: den Gesang einer Drossel in den Mandelbäumen jenseits der Kapelle, den Frieden der verfallenden Häuser, den Puls der entfernten See, die im Nebel keuchte, all das und dazu das eifersüchtige Grün des Flaschenglases, welches eine Mauerkrone stachelig bewehrte, und die haltbaren Farben eines Zirkusplakats, auf dem ein federgeschmückter Indianer auf dem Rücken eines aufgebäumten Pferdes zu sehen war, der mit seinem Lasso gerade ein kühnermaßen endemisches Zebra einfing, während einige gründlich genarrte Elefanten brütend auf ihren sternenübersäten Thronen saßen.

Nach kurzer Zeit überholte mich derselbe Engländer. Während ich ihn mit dem Übrigen zusammen in mich aufnahm, bemerkte ich zufällig, wie sich sein großes blaues Auge plötzlich seitwärts bewegte, den geröteten Lidwinkel zu verziehen suchte und wie er schnell die Lippen befeuchtete – wegen der Trockenheit jener Schwämme, nahm ich an; doch dann folgte ich der Richtung seines Blickes und sah Nina.

Jedes Mal, wenn ich ihr im Laufe der fünfzehn Jahre unserer – nun, das genaue Wort für unsere Art der Beziehung will mir nicht einfallen – begegnet war, hatte sie mich offenbar nicht sogleich erkannt; und auch dieses Mal verharrte sie auf dem Gehsteig gegenüber einen Augenblick lang ganz still, in sympathischer Ungewissheit, in die sich Neugier mischte, halb mir zugewandt, und nur ihr gelber Schal hatte sich schon in Bewegung gesetzt, wie jene Hunde, die einen noch vor ihren Herren erkennen – und dann stieß sie einen Schrei aus, ihre Hände flogen hoch, alle ihre zehn Finger vollführten einen Tanz, und mitten auf der Straße küsste sie mich dreimal mit mehr Mund als Gefühl, allein dank der freimütigen Impulsivität alter Freundschaft (genau wie sie jedes Mal, wenn wir uns trennten, schnell ein Kreuz über mir schlug), und dann ging sie neben mir her, hängte sich ein, passte ihren Schritt dem meinen an, von ihrem engen braunen, unten an der Seite sportlich geschlitzten Rock behindert.

»Aber ja, Ferdie ist auch hier«, erwiderte sie und erkundigte sich ihrerseits sofort höflich nach Elena.

»Er muss mit Segur irgendwo herumbummeln«, fuhr sie fort und meinte wieder ihren Mann. »Und ich muss noch etwas einkaufen; wir fahren nach dem Mittagessen.

Warte mal, wo bringst du mich eigentlich hin, Victor, mein Guter?«

Zurück in die Vergangenheit, zurück in die Vergangenheit, wie jedes Mal, wenn ich sie traf und alles wiederholte, was sich an Handlung angesammelt hatte, von den Anfängen an bis zu dem letzten Zuwachs – genau wie in russischen Märchen das bereits Erzählte bei jeder neuen Wendung der Geschichte noch einmal zusammengefasst wird. Dieses Mal hatten wir uns im warmen und nebligen Fialta getroffen, und ich hätte die Gelegenheit nicht mit größerer Kunst feiern, hätte die Liste der früheren Dienste des Schicksals nicht mit leuchtenderen Vignetten ausschmücken können, selbst wenn ich gewusst hätte, dass dies sein letzter Dienst war; doch, der letzte – denn ich kann mir kein himmlisches Vermittlungsbüro vorstellen, das bereit wäre, dafür zu sorgen, dass ich ihr jenseits des Grabes noch einmal begegne.

Meine Eingangsszene mit Nina hatte sich vor ziemlich langer Zeit in Russland abgespielt, um 1917, würde ich sagen, nach gewissem linken Theatergepolter hinter der Bühne zu urteilen. Es war während einer Geburtstagsfeier auf dem Landsitz meiner Tante bei Luga, in den tiefsten Falten des Winters (wie gut erinnere ich mich an das erste Anzeichen dafür, dass wir uns dem Ort näherten: eine rote Scheune in einer weißen Wildnis). Ich hatte soeben die Abschlussprüfung am Kaiserlichen Lyzeum bestanden; Nina war bereits verlobt: Obwohl sie genauso alt war wie ich und das Jahrhundert, sah sie mindestens wie zwanzig aus, und das trotz oder gerade wegen ihrer zierlichen, schlanken Figur, während sie dank eben dieser Zierlichkeit mit zweiunddreißig jünger wirkte. Ihr Verlobter war bei der Garde und hatte gerade Fronturlaub – ein gutaussehender, schwerer Mensch, unglaublich wohlerzogen und phlegmatisch, der jedes Wort auf die Waagschale des allergenauesten gesunden Menschenverstands legte und in einem samtenen Bariton sprach, der noch weicher wurde, wenn sich seine Worte an sie richteten; seine Anständigkeit und Ergebenheit gingen ihr schließlich wohl auf die Nerven; und heute ist er ein erfolgreicher, wenngleich etwas einsamer Ingenieur in einem weit entlegenen tropischen Land.

Fenster werden hell und strecken ihre leuchtende Länge über den dunklen, buckligen Schnee; zwischen ihnen bleibt Raum für den Widerschein des fächerartigen Lichtes über der Haustür. Jede der beiden Säulen zur Seite ist mit einem flaumigen Weiß überzogen, was die Linien des Bildes einigermaßen verdirbt, das sonst ein vollkommenes Exlibris für das Buch unserer beider Lebensläufe abgegeben hätte. Ich kann mich nicht entsinnen, warum wir alle aus dem hallenden Flur in die stille Dunkelheit hinausgetreten waren, die von Tannen bevölkert war, welche der Schnee zu ihrer doppelten Größe hatte anwachsen lassen; hatte der Wächter uns nahegelegt, einen düsteren roten Schein am Himmel zu besichtigen, ein schlimmes Vorzeichen kommender Brandstiftung? Möglich. Waren wir hinausgegangen, um einer Pferdestatue aus Eis Bewunderung zu zollen, die der Schweizer Hauslehrer meiner Cousins in der Nähe des Teiches geschaffen hatte? Auch das ist möglich. Mein Gedächtnis erwacht erst auf dem Rückweg zum symmetrisch erleuchteten Herrenhaus wieder zum Leben: Wir gingen im Gänsemarsch eine enge Furche zwischen Schneebänken entlang, und nur das Knirschen unserer Schritte war zu hören – der einzige Kommentar, den eine schweigsame

Winternacht über menschliche Wesen abgibt. Ich war der Letzte; drei knirschende Schritte vor mir ging eine kleine, gebeugte Gestalt; ernst wiesen die Tannen ihre beladenen Pfoten. Ich rutschte aus und ließ die tote Taschenlampe fallen, die mir jemand aufgezwungen hatte; sie wiederzufinden erwies sich als verteufelt schwer; und von meinem Geschimpf sogleich angelockt, drehte sich Nina, eines Spaßes gewärtig, mit einem begierigen, tiefen Lachen undeutlich nach mir um. Ich nenne sie Nina, aber noch konnte ich ihren Namen kaum wissen, noch hatten wir beide keine Zeit für irgendwelche Präliminarien gehabt. »Wer ist denn das?«, fragte sie interessiert – und schon küsste ich ihren Hals, der glatt war und brennend heiß von dem langen Fuchspelz ihres Mantelkragens, welcher mir in den Weg kam, bis sie mir die Hand auf die Schulter legte und mit der ihr eigenen Freimütigkeit sanft ihre großzügigen, pflichteifrigen Lippen auf die meinen presste.

Doch als plötzlich wie mit einer Heiterkeitsexplosion im Dunkel das Thema »Schneeballschlacht« seinen Anfang nahm, trennten wir uns, und jemand klomm – fliehend, fallend, knirschend, lachend und keuchend – auf eine Schneewehe, versuchte zu rennen und stöhnte schrecklich auf: Tiefer Schnee hatte die Amputation eines Filzstiefels bewirkt. Und bald darauf trennten wir uns alle, und jeder fuhr nach Hause, ohne dass ich mit Nina gesprochen oder irgendwelche Zukunftspläne gemacht hätte, Pläne für jene fünfzehn Jahre der Wanderschaft, die bereits auf den trüben Horizont zu gezogen waren, beladen mit den Einzelteilen unserer niemals zusammengefügten Wiedersehen. Während ich sie in dem Durcheinander der Gebärden und der Schatten von Gebärden beobachtete, aus dem der Rest des Abends bestand (wahrscheinlich Gesellschaftsspiele – und Nina beharrlich auf der gegnerischen Seite), staunte ich, wie ich mich entsinne, nicht so sehr darüber, dass sie mir nach jener Wärme im Schnee keinerlei Aufmerksamkeit schenkte, sondern vielmehr über die naive Natürlichkeit dieser Unaufmerksamkeit, denn ich wusste noch nicht, dass es nur eines Wortes von mir bedurft hätte, und schon hätte sich ihre Gleichgültigkeit in eine wundervoll aufleuchtende Freundlichkeit verwandelt, wäre sie munter und anteilnehmend zu jeglicher Mitwirkung aufgelegt gewesen, ganz als wäre die Liebe einer Frau ein Quellwasser voller gesunder Salze, von dem sie jedermann auf den leisesten Wink bereitwilligst zu trinken gab.

»Warte, wo haben wir uns zuletzt gesehen?«, begann ich (zu Ninas Fialta-Version gewandt), um auf ihr kleines Gesicht mit den vorstehenden Backenknochen und den dunkelroten Lippen einen bestimmten, wohlbekannten Ausdruck zurückkehren zu sehen; und wirklich, wie sie den Kopf schüttelte und die Stirn runzelte, das schien nicht so sehr auf Vergesslichkeit zu deuten, wie die Plattheit eines alten Scherzes zu beklagen; oder um genauer zu sein, so war es, als seien all die Städte, in denen das Schicksal unsere verschiedenen Rendezvous arrangiert hatte, ohne ihnen jemals persönlich beizuwohnen, als seien all die Bahnsteige und Treppen und dreiwändigen Zimmer und dunklen Seitenstraßen banale Szenerien, Überbleibsel irgendwelcher anderen, längst abgeschlossenen Lebensläufe, und als hätten sie so wenig mit der weiteren Darstellung unseres eigenen, ziellosen Schicksals zu tun, dass es fast schlechter Geschmack war, sie überhaupt zu erwähnen.

Ich begleitete sie in einen Laden unter den Arkaden;

dort, im Zwielicht hinter einem Perlenvorhang, betastete sie ein paar Geldbeutel aus rotem Leder, die mit Seidenpapier ausgestopft waren, und spähte auf die Preisschilder, als wolle sie ihre Museumsnamen lernen. Sie wünsche, sagte sie, genau diese Form, aber in Rehbraun, und als der alte Dalmatiner nach zehn Minuten fieberhafter Raschelei durch ein Wunder, das mir immer noch ein Rätsel ist, eben solch eine Rarität ausfindig gemacht hatte, da besann sich Nina, die schon drauf und dran gewesen war, mir etwas Geld aus der Hand zu nehmen, eines anderen und verließ den Laden durch die wehenden Perlen, ohne etwas gekauft zu haben.

Draußen war es so milchig trübe wie zuvor; der gleiche Geruch nach Verbranntem, der tatarische Erinnerungen weckte, kam aus den bloßen Fenstern der bleichen Häuser; ein kleiner Mückenschwarm war damit beschäftigt, über einer Mimose, die lustlos blühte und ihre Ärmel bis auf den Boden sinken ließ, die Luft zu stopfen; zwei Arbeiter mit breitkrempigen Hüten aßen Käse und Knoblauch zu Mittag; ihre Rücken ruhten an einem Zirkusplakat, auf dem ein roter Husar und eine Art orangefarbener Tiger abgebildet waren; komisch – in der Absicht, das Tier so wild wie möglich zu machen, war der Künstler so weit gegangen, dass er schließlich von der anderen Seite zurückkam, denn das Gesicht des Tigers hatte geradezu menschliche Züge.

»*Au fond* wollte ich einen Kamm«, sagte Nina in verspäteter Reue.

Wie vertraut waren mir ihr Zögern, ihre Nachgedanken, ihre Nachgedanken zu den Nachgedanken, die die frühesten widerspiegelten, ihre kurzlebigen Kümmernisse zwischen zwei Zügen. Immer war sie gerade eingetroffen oder im Aufbruch, und es fällt mir schwer, daran zu denken, ohne dass mich die Vielzahl komplizierter Reiserouten demütigt, denen man fieberhaft folgt, nur um jene abschließende Verabredung einzuhalten, um deren Unvermeidbarkeit selbst der eingeschworenste Weltenbummler weiß. Wäre ich gezwungen, Richtern unseres irdischen Daseins ein Musterbeispiel ihrer durchschnittlichen Haltung zu unterbreiten, so würde ich sie sich vielleicht auf einen Ladentisch in Cook's Reisebüro lehnen lassen, die linke Wade über dem rechten Schienbein, während der linke Zeh auf den Fußboden trommelt, ihre spitz angewinkelten Ellbogen zusammen mit einer Handtasche, aus der die Geldstücke quellen, auf dem Ladentisch ruhen und der Angestellte, einen Bleistift in der Hand, mit ihr über den Plan eines ewigen Schlafwagens berät.

Nach dem Exodus aus Russland sah ich sie – und das war das zweite Mal – im Haus einiger Bekannter in Berlin. Es war kurz vor meiner Hochzeit; sie hatte sich gerade von ihrem Verlobten getrennt. Als ich das Zimmer betrat, erblickte ich sie sofort, und nach einem Blick auf die anderen Gäste war mir instinktiv klar, welche der anwesenden Männer mehr von ihr wussten als ich. Sie saß in der Ecke einer Couch, die Füße angezogen, den kleinen Körper bequem zu einem Z gefaltet; neben ihren Absätzen stand schräg auf der Couch ein Aschenbecher; sie schielte zu mir herüber, hörte sich meinen Namen an, dann nahm sie ihre langstielige Zigarettenspitze aus dem Mund und sagte langsam und voller Freude: »Also dass ich gerade dich treffe …« – und sofort wurde es allen klar, bei ihr angefangen, dass wir seit langem innig miteinander befreundet waren: Zweifellos hatte sie den tatsächlichen Kuss völlig vergessen, doch dank jenem trivialen Vorkommnis erinnerte sie sich undeutlich an ein Stück warmer, wohltuender Freundschaft, die es in Wahrheit zwischen uns niemals gegeben hatte. So beruhte die ganze Form unserer Beziehung fälschlich auf einer eingebildeten Freundschaft – die nichts mit ihrem blindlings bewiesenen guten Willen zu tun hatte. Was die Worte anbetraf, die wir einander sagten, so erwies sich unsere Wiederbegegnung als völlig bedeutungslos; aber es gab keine Schranken mehr zwischen uns; und als ich an jenem Abend beim Essen zufällig neben sie zu sitzen kam, erprobte ich schamlos das Ausmaß ihrer geheimen Geduld.

Dann verschwand sie wieder; und als meine Frau und ich ein Jahr darauf meinen Bruder an den Zug nach Posen gebracht hatten und auf der anderen Seite des Bahnsteigs dem Ausgang zustrebten, erblickte ich neben einem Wagen des D-Zugs nach Paris plötzlich Nina, das Gesicht in einen Blumenstrauß gesteckt, den sie in der Hand hielt; im Kreis um sie herum stand eine Gruppe von Menschen, mit denen sie sich ohne mein Wissen angefreundet hatte und die sie anstarrten wie müßige Passanten eine Rauferei auf der Straße, ein Kind, das sich verlaufen hat, oder das Opfer eines Verkehrsunfalls. Strahlend winkte sie mir mit ihren Blumen zu; ich stellte sie Elena vor, und in der belebenden Atmosphäre eines großen Bahnhofs, wo alles bebend am Rand einer Veränderung steht und daher festgehalten und mit Liebe umgeben werden muss, genügten ein paar Worte, um zwei völlig verschiedene Frauen dahin zu bringen, sich bei ihrem nächsten Zusammentreffen bei ihren Kosenamen zu nennen. An jenem Tage wurde im blauen Schatten des Wagens nach Paris Ferdinand zum ersten Mal erwähnt: Es verursachte mir einen lächerlichen Schmerz, zu erfahren, dass sie im Begriff stand, ihn zu heiraten. Schon wurden die Türen zugeschlagen; hastig, aber andächtig küsste sie ihre Freunde, kletterte in den Gang, verschwand; und dann sah ich durch das Glas, wie sie sich in ihrem Abteil einrichtete – wir waren plötzlich vergessen, oder sie war in eine andere Welt eingegangen –, und wir alle, die Hände in den Taschen, schienen ein völlig ahnungsloses Leben zu bespitzeln, das sich dort in jenem Aquariumsdämmer bewegte, bis sie unserer gewahr wurde, erst an die Fensterscheibe trommelte, dann die Augen hob und sich an dem Fensterrahmen zu schaffen machte, als wolle sie ein Bild aufhängen; doch nichts geschah; ein Mitreisender half ihr, und sie lehnte sich heraus, hörbar und wirklich, strahlend vor Freude; neben dem unmerklich anfahrenden Wagen einherlaufend, reichte ihr einer von uns eine Zeitschrift und einen Tauchnitz-Band (sie las nur auf Reisen englische Bücher); alles entglitt mit wunderschöner Leichtigkeit, und ich hielt eine bis zur Unkenntlichkeit zerknüllte Bahnsteigkarte in der Hand, während ein Lied aus dem vergangenen Jahrhundert (wie Gerüchte behaupten, hing es mit irgendeinem Pariser Liebesdrama zusammen) mir unablässig durch den Kopf ging, Gott weiß warum aus der Musikbox des Gedächtnisses aufgetaucht, eine rührselige Romanze, die eine alte, unverheiratete Tante von mir einstmals zu singen pflegte, eine Frau mit einem Gesicht so gelb wie russisches Kirchenwachs, der die Natur indessen eine so mächtige, so hinreißend volle Stimme gegeben hatte, dass sie in der Pracht einer feurigen Wolke aufzugehen schien, sobald sie anhob:

»*On dit que tu te maries,*
tu sais que j'en vais mourir«,

und diese Melodie, der Schmerz, das Unrecht, die vom Rhythmus hergestellte Verbindung zwischen Hymen und Tod und die Stimme der toten Sängerin selbst, welche als alleinige Eigentümerin des Liedes die Erinnerung begleitete, ließen mich für einige Stunden nach Ninas Abreise nicht zur Ruhe kommen und stiegen sogar später noch in immer größer werdenden Abständen in mir auf, wie die letzten niedrigen kleinen Wellen, die ein vorüberfahrendes Schiff an den Strand schickt und deren Anschlag immer seltener und verträumter wird, oder wie die bronzene Agonie eines vibrierenden Glockenstuhls, nachdem sich der Glöckner bereits wieder im frohen Kreis seiner Familie niedergesetzt hat. Und wiederum nach ein oder zwei Jahren hielt ich mich geschäftlich in Paris auf; und eines Morgens, auf dem Treppenabsatz eines Hotels, in dem ich einen Filmschauspieler aufgesucht hatte, sah ich sie wieder – sie trug ein graues Kostüm, wartete auf den Fahrstuhl, der sie hinunterbringen sollte, ein Schlüssel hing an ihrer Hand. »Ferdinand ist fechten gegangen«, sagte sie gesprächsweise; ihr Blick ruhte auf der unteren Hälfte meines Gesichts, als wollte sie mir etwas von den Lippen ablesen, und nach kurzem Nachdenken (ihr erotisches Verständnis hatte nicht seinesgleichen) drehte sie sich um und führte mich wiegenden Ganges auf schmalen Fußgelenken schnell den mit meerblauen Teppichen ausgelegten Flur entlang. Ein Stuhl an der Tür ihres Zimmers trug ein Tablett mit den Überresten des Frühstücks – ein honigbeschmiertes Messer, Krümel auf grauem Porzellan; doch das Zimmer war bereits aufgeräumt, und in dem plötzlichen Luftzug, den wir verursachten, wurde eine Welle mit weißen Dahlien bestickten Musselins flatternd und knatternd zwischen die empfindlichen Hälften eines französischen Fensters gesaugt, und erst, als die Tür verriegelt war, ließen sie mit einer Art wollüstigem Seufzer den Vorhang wieder los; eine Weile später trat ich auf den winzigen Gusseisenbalkon jenseits des Vorhangs hinaus und atmete einen aus welkem Ahornlaub und Benzin gemischten Geruch – der Abhub der dunstigen, blauen, morgendlichen Straße; und da ich von der wachsenden krankhaften Rührung, die meine folgenden Begegnungen mit Nina so vergällen sollte, noch nichts merkte, war ich wahrscheinlich ebenso gefasst und unbekümmert wie sie, als ich sie vom Hotel zu irgendeinem Büro begleitete, um einen Koffer, der ihr abhandengekommen war, wiederzufinden, und von dort aus zu dem Café, wo ihr Mann eine Sitzung mit seinem augenblicklichen Hofstaat abhielt.

Ich werde den Namen dieses Mannes, dieses französisch-ungarischen Schriftstellers nicht nennen (und die Bestandteile, die ich hier dennoch preisgebe, erscheinen in geziemender Verkleidung) … Lieber wäre es mir, mich gar nicht mit ihm zu befassen, aber ich kann nicht anders – mit Gewalt bringt er sich unter meinem Federhalter zur Geltung. Heutzutage macht er nicht mehr viel von sich reden; und das ist gut so, denn es beweist, dass ich recht tat, seinem bösen Zauber zu widerstehen, ein Frösteln mein Rückgrat entlangkriechen zu spüren, wenn dieses oder jenes neue Buch von ihm meine Hand berührte. Der Ruhm von seinesgleichen breitet sich geschwind aus, doch bald wirkt er schwer und abgestanden; und was die Literaturhistorie angeht, so wird dieser Umstand seinen Lebenslauf auf den Bindestrich zwischen zwei Daten beschränken. Hager und arrogant, jederzeit bereit, mit einem giftigen Wortspiel nach einem zu züngeln, und einen seltsam erwartungsvollen Blick in seinen mattbraunen verschleierten Augen, hatte dieser falsche Witzbold allerdings eine unwiderstehliche Wirkung auf kleine Nagetiere. Da er es in der Kunst verbaler Erfindung zur Meisterschaft gebracht hatte, war es sein besonderer Stolz, ein Wörterdrechsler zu sein, ein Titel, der ihm mehr galt als der eines Schriftstellers; ich für mein Teil konnte niemals einsehen, wozu es gut sein sollte, sich Bücher auszudenken und Dinge niederzuschreiben, die sich nicht in der einen oder anderen Form tatsächlich ereignet haben; und ich entsinne mich, wie ich einmal dem Hohn seines ermutigenden Nickens die Stirn bot und ihm sagte, dass ich, wäre ich ein Schriftsteller, allein meinem Herzen Phantasie zubilligen und mich für alles Übrige auf mein Gedächtnis verlassen würde, diesen langen Sonnenuntergangsschatten der ureigenen Wahrheit.

Ich kannte seine Bücher, bevor ich ihn selbst kennenlernte; ein leichter Ekel trat bereits an die Stelle des ästhetischen Vergnügens, das ich mir noch von seinem ersten Roman bereiten ließ. Zu Beginn seiner Laufbahn war es vielleicht noch möglich gewesen, durch die Glasfenster seiner erstaunlichen Prosa irgendeine menschliche Landschaft, einen alten Garten, eine wie aus einem Traum her vertraute Baumgruppe zu erkennen ... doch mit jedem neuen Buch wurden die Farben noch dichter, das Rot und das Purpur noch unheildrohender; heute kann man durch dieses heraldisch bemalte, grässlich bunte Glas überhaupt nichts mehr sehen, und es hat den Anschein, als müsste sich die schaudernde Seele einer völligen schwarzen Leere gegenüberfinden, wenn man es zerschlüge. Indessen, wie gefährlich war er in seinen besten Jahren, was verspritzte er für Gift, was für Peitschenschläge teilte er aus, sobald er provoziert wurde! Der Tornado seines vorüberziehenden Spottes ließ kahle Verwüstung zurück, eine Reihe gefällter Eichen – noch wirbelte der Staub, und der unglückselige Verfasser irgendeiner unfreundlichen Besprechung drehte sich brüllend vor Schmerz wie ein Kreisel im Sand.

Zu der Zeit, als wir uns kennenlernten, erregte sein »Passage à niveau« gerade in Paris Aufsehen; er hatte, wie man so sagt, ein Gefolge, und Nina (deren Anpassungsfähigkeit ein erstaunlicher Ersatz für die Bildung war, die ihr abging) hatte bereits die Rolle wenn nicht einer Muse, so doch wenigstens einer Seelengefährtin und klugen und feinfühligen Ratgeberin übernommen, die Ferdinands schöpferischen Konvolutionen folgte und seinen künstlerischen Geschmack getreulich teilte; denn obwohl es mehr als unwahrscheinlich ist, dass sie sich auch nur durch ein einziges seiner Bücher hindurchgequält hatte, so besaß sie doch ein übernatürliches Geschick dafür, sich die besten Stellen aus der Fachsimpelei seiner literarischen Freunde zusammenzustoppeln.

Eine Damenkapelle spielte, als wir das Café betraten; als Erstes bemerkte ich in einer der Spiegelsäulen die Straußenkeule einer Harfe, dann sah ich den zusammengesetzten Tisch (bestehend aus mehreren kleinen Tischen, die man aneinandergeschoben hatte, um einen langen zu bilden), an dem, den Rücken zur Plüschwand, Ferdinand den Vorsitz führte; und seine ganze Haltung, die Stellung seiner ausgebreiteten Hände, die sämtlich ihm zugewandten Gesichter seiner Tischgenossen erinnerten mich einen Augenblick lang auf groteske, albtraumhafte Art an etwas, das mir nicht sogleich ganz klarwurde, aber als es mir nachträglich einfiel, schien mir der angedeutete Vergleich kaum weniger blasphemisch als das Wesen seiner Kunst. Er trug einen weißen Rollkragenpullover unter einer Tweedjacke; sein glänzendes Haar war von den Schläfen aus zurückgekämmt, und darüber hing Zigarettenrauch wie ein Heiligenschein; sein knochiges, pharaohaftes Gesicht verzog sich nicht: Nur die Augen wanderten bald hier-, bald dorthin, voll von trüber Genugtuung. Die zwei oder drei wahrscheinlichsten Lokale, wo naive Liebhaber montparnassischen Lebens ihn anzutreffen erwartet hätten, hatte er aufgegeben und dafür dieses durch und durch bürgerliche Etablissement zu frequentieren begonnen, seinem eigenartigen Sinn für Humor zuliebe, aufgrund dessen er auch der erbärmlichen *spécialité de la maison* ein teuflisches Vergnügen abgewann – dieser Kapelle aus einem halben Dutzend müde wirkender, verlegener Damen, die auf einem überfüllten Podium milde Harmonien ineinander verwoben und (wie er sagte) nicht wussten, wohin mit ihren mütterlichen Busen, welche in der Welt der Musik durchaus überflüssig waren. Nach jeder Nummer schüttelte ihn ein Anfall von epileptischem Applaus, von dem die Damen keine Notiz mehr nahmen und der, glaubte ich, bereits einige Zweifel bei dem Inhaber und den Stammkunden des Cafés wachgerufen hatte, Ferdinands Freunden indessen höchst amüsant vorkam. Unter diesen erinnere ich mich an einen Maler mit einem makellos kahlen, obwohl leicht abgeplatzt aussehenden Schädel, den er unter den verschiedensten Vorwänden immer wieder in seine Augen-und-Gitarre-Bilder hineinmalte; an einen Dichter, dessen besonderer Gag in seiner Fähigkeit bestand, auf Verlangen mit Hilfe von fünf Streichhölzern Adams Sündenfall darzustellen; an einen bescheidenen Geschäftsmann, der surrealistische Veröffentlichungen finanzierte (und die Apéritifs bezahlte), wenn ihm gestattet wurde, in einer Ecke Elogen auf die von ihm ausgehaltene Schauspielerin anzubringen; an einen Pianisten, der, was sein Gesicht anging, ganz präsentabel war, dessen Finger jedoch einen grässlichen Ausdruck hatten; an einen forschen, aber sprachlich impotenten sowjetischen Schriftsteller frisch aus Moskau mit einer alten Pfeife und einer neuen Armbanduhr, der lächerlicherweise nicht die mindeste Ahnung hatte, in was für einer Gesellschaft er sich da befand; es waren noch mehrere andere Herren anwesend, die in meiner Erinnerung durcheinandergeraten sind, und zwei oder drei aus der Schar hatten ohne Zweifel intime Beziehungen zu Nina gehabt. Sie war die einzige Frau am Tisch; gebückt saß sie da, saugte eifrig an einem Strohhalm, der Spiegel ihrer Limonade sank mit einer Art kindlicher Schnelligkeit, und erst, als der letzte Tropfen gurgelnd und glucksend verschwunden war und sie den Halm mit der Zunge fortgeschoben hatte, erst dann fing ich ihren Blick auf, den ich beharrlich gesucht hatte, immer noch dem Umstand nicht ganz gewachsen, dass sie Zeit gehabt hatte, zu vergessen, was am Morgen geschehen war – es so gründlich zu vergessen, dass sie meinen Blick mit einem ausdruckslosen, fragenden Lächeln erwiderte und sich erst nach genauerem Hinsehen plötzlich besann, was für ein Lächeln ich zur Antwort erwartete. Da die Damen ihre Instrumente wie gleichgültige Möbelstücke beiseitegeschoben und das Podium zeitweise verlassen hatten, machte Ferdinand inzwischen seine Kumpane hämisch auf einen ältlichen Esser in einer entfernten Ecke des Lokals aufmerksam, der an seinem Revers wie viele Franzosen aus irgendeinem Grund ein kleines rotes Band oder etwas Ähnliches trug und dessen grauer Vollbart zusammen mit einem schmatzenden Mund ein gemütliches gelbliches Nest bildete. Die Attribute des Alters pflegten Ferdie zu erheitern.

Ich blieb nicht lange in Paris, doch diese eine Woche reichte, um zwischen ihm und mir jene falsche Vertraulichkeit einreißen zu lassen, die er einem mit so viel Talent aufzudrängen wusste. In der Folge erwies ich mich ihm sogar nützlich: Meine Firma erwarb die Filmrechte an einer seiner verständlicheren Geschichten, und er hatte seinen Spaß daran, mich mit Telegrammen zu behelligen. Die Jahre vergingen, und hin und wieder ergab es sich, dass wir uns irgendwo anstrahlten, doch ich fühlte mich nie wohl in seiner Gegenwart, und auch an jenem Tag in Fialta empfand ich dasselbe wohlbekannte Missvergnügen, als ich erfuhr, dass er in der Nähe herumstrich; etwas jedoch heiterte mich beträchtlich auf: der Durchfall seines neuen Stückes.

Und da kam er uns auch schon entgegen, in einem absolut wasserdichten Mantel mit Gürtel und Taschenklappen, einen Fotoapparat über der Schulter, doppelte Gummisohlen an seinen Schuhen, und mit einer Unerschütterlichkeit, die komisch wirken sollte, lutschte er an einer langen Stange zuckrigen Mondgesteins, dieser Spezialität von Fialta. Neben ihm ging der schmucke, puppenhafte, rosige Segur, ein Kunstfreund und ein Dummkopf obendrein; ich habe niemals herausbekommen, wozu Ferdinand ihn benötigte; und immer noch höre ich Nina mit einer stöhnenden Zärtlichkeit, die sie auf nichts festlegte, ausrufen: »Ach, Segur, der ist so ein lieber Kerl!« Sie kamen näher; Ferdinand und ich begrüßten uns herzlich, indem wir versuchten, in unser Händeschütteln und Auf-den-Rücken-Klopfen so viel Wärme wie möglich zu legen – aus Erfahrung wussten wir, dass dies alles war, doch wir taten, als sei es nur der Auftakt; und so war es jedes Mal: Nach jeder Trennung wurden beim Wiedersehen in geschäftiger Herzlichkeit und einem Durcheinander Platz nehmender Gefühle aufgeregt die Saiten gestimmt; doch dann schlossen die Platzanweiser die Türen, und niemand wurde eingelassen.

Segur beklagte sich bei mir über das Wetter, und zuerst verstand ich gar nicht, wovon er eigentlich redete; selbst wenn das feuchte, graue Gewächshausklima Fialtas »Wetter« genannt werden konnte, so lag es allem, was uns als Gesprächsgegenstand dienen konnte, ebenso fern wie etwa Ninas schlanker Ellbogen, den ich zwischen Zeigefinger und Daumen hielt, oder ein Stückchen Stanniolpapier, das jemand fallengelassen hatte und das in einiger Entfernung in der Mitte der kopfsteingepflasterten Straße glitzerte.

Zu viert gingen wir weiter, vage Einkäufe vor uns. »Meine Güte, was für ein Indianer!«, rief Ferdinand plötzlich mit stürmischer Befriedigung, indem er mir einen kräftigen Rippenstoß versetzte und auf ein Plakat deutete. Ein Stück weiter, an einem Brunnen, gab er seine Zuckerstange einem einheimischen Kind, einem dunkelhäutigen Mädchen mit Perlen um den hübschen Hals; wir blieben stehen, um auf ihn zu warten: Er hatte sich hingekauert und redete auf ihre rußschwarzen gesenkten Wimpern hinab, dann holte er uns grinsend ein und machte eine jener Bemerkungen, mit denen er seine Reden zu würzen liebte. Darauf zog ein unglückseliger Gegenstand in einem Andenkenladen seine Aufmerksamkeit auf sich: eine fürchterliche Marmorimitation des Mt. Sankt Georg mit einem schwarzen Tunnel in seinem Fuß, der sich als die Öffnung eines Tintenfasses erwies, und mit einer Rinne für Federhalter, die Geleise vorstellen sollte. Mit offenem Mund, bereit herauszuprusten und ganz aus dem Häuschen vor höhnischem Triumph wendete er das staubige, hinderliche und völlig schuldlose Ding in den Händen hin und her, bezahlte, ohne zu feilschen, und kam immer noch offenen Munds mit dem Monstrum in der Hand heraus. Wie ein Herrscher, der sich mit Buckligen und Zwergen umgibt, wandte er seine Zuneigung diesem oder jenem gräulichen Gegenstand zu; seine Huld währte von fünf Minuten bis zu mehreren Tagen, oder sogar noch länger, wenn das Ding zufällig lebendig war.

Nina deutete sehnsüchtig an, dass es Mittagessenszeit sei, und als Ferdinand und Segur in ein Postamt gingen, ergriff ich die Gelegenheit und führte sie eilig hinweg. Immer noch frage ich mich, was sie mir eigentlich bedeutete, diese kleine dunkle Frau mit den schmalen Schultern und den »lyrischen Gliedmaßen« (um den Ausdruck zu gebrauchen, den ein gezierter Emigrantendichter geprägt hatte, einer der wenigen Männer, die ihr platonisch nachgeseufzt hatten), und noch weniger verstehe ich, welchen Zweck das Schicksal damit verfolgte, dass es uns immer wieder zusammenführte. Nach meinem Aufenthalt in Paris hatte ich sie eine ganze Zeitlang nicht gesehen, und als ich eines Tages aus dem Büro nach Hause kam, saß sie da, trank Tee mit meiner Frau und prüfte auf ihrer seidenbespannten Hand – der Ehering glänzte durch die Seide hindurch – das Gewebe irgendwelcher auf der Tauentzienstraße billig erstandenen Strümpfe. Einmal zeigte man mir ihr Bild in einer Modezeitschrift voller Herbstblätter und Handschuhe und windiger Golfplätze. An einem bestimmten Weihnachtsfest schickte sie mir eine Ansichtskarte mit Schnee und Sternen. An einem Rivierastrand entging sie hinter ihrer Sonnenbrille und ihrem Terracotta-Teint beinahe meiner Aufmerksamkeit. Als mich ein andermal eine Besorgung zur Unzeit in das Haus unbekannter Leute führte, wo gerade eine Gesellschaft gegeben wurde, erblickte ich ihren Schal und ihren Pelzmantel unter fremden Vogelscheuchen auf einem Garderobenständer. In einem Buchladen nickte sie mir aus einer Seite in einer der Geschichten ihres Mannes entgegen, aus einer Seite, auf der von einem episodischen Dienstmädchen die Rede ist und Nina gegen den Willen des Verfassers hereingeschmuggelt wird: »Ihr Gesicht«, schrieb er, »war eher ein Schnappschuss der Natur als ein genaues Porträt, so dass ... als er es sich vorzustellen versuchte, nur flüchtige Eindrücke zusammenhangloser Gesichtszüge vor Augen hatte: den flaumigen Umriss ihrer *pommettes* in der Sonne, die bernsteinbraune Dunkelheit munterer Augen, ihre Lippen, zu einem freundlichen Lächeln verzogen, das immer bereit war, sich in einen feurigen Kuss zu verwandeln.«

Immer wieder tauchte sie flüchtig am Rand meines Lebens auf, ohne seinen eigentlichen Text auch nur im mindesten zu beeinflussen. An einem Sommermorgen (einem Freitag – denn die Dienstmädchen klopften im sonnenstaubigen Hof Teppiche), meine Familie war auf dem Land, döste und rauchte ich im Bett, als es wie wild klingelte – und dann stand sie in der Diele, ein unerwarteter Besuch, der (nebenbei) eine Haarnadel und (hauptsächlich) einen großen, mit Hotelschildern illustrierten Reisekoffer zurückließ, den ein netter österreichischer Junge vierzehn Tage später für sie abholte – nach ungreifbaren, aber sicheren Symptomen zu schließen, gehörte er zu der gleichen, recht kosmopolitischen Genossenschaft wie ich. Gelegentlich fiel mitten in einer Unterhaltung ihr Name, und ohne den Kopf zu wenden, lief sie die Stufen eines zufälligen Satzes hinab. Auf einer Reise in die Pyrenäen verbrachte ich eine Woche in einem Château, das Leuten gehörte, bei denen sie und Ferdinand sich gerade aufhielten, und nie werde ich meine erste Nacht dort vergessen: wie ich wartete, wie ich sicher war, dass sie aus eigenem Antrieb in mein Zimmer schleichen würde, wie sie nicht kam, und den Lärm, den Tausende von Grillen in der delirierenden Tiefe des felsigen, von Mondschein triefenden Gartens vollführten, die tollen murmelnden Bäche und meinen Kampf zwischen wohltuender südlicher Müdigkeit nach einem langen Tag der Jagd auf den Geröllhängen und dem wilden Verlangen nach ihrem heimlichen Kommen, ihrem tiefen Lachen, ihren rosa Fußgelenken über dem Schwanendaunenbesatz hochhackiger Pantoffeln; die Nacht indessen tobte weiter, ohne dass sie kam, und als ich ihr am Tag darauf im Laufe einer gemeinschaftlichen Bergwanderung von meinem Warten erzählte, faltete sie bestürzt die Hände – und taxierte sofort mit schnellem Blick, ob die Rücken Ferdinands (er gestikulierte) und seines Freundes weit genug entfernt waren. Ich erinnere mich, über halb Europa hinweg (in einer geschäftlichen Angelegenheit ihres Mannes) mit ihr telefoniert und ihre eifrige, bellende Stimme anfangs gar nicht erkannt zu haben; und ich erinnere mich, wie ich einmal von ihr träumte: Ich träumte, meine älteste Tochter käme hereingelaufen, um mir zu sagen, dass der

Hausmeister in arger Bedrängnis sei – und als ich zu ihm hinunterging, sah ich Nina in tiefem Schlaf auf einem Koffer liegen, eine Rolle grober Leinwand unter dem Kopf, mit bleichen Lippen und in ein wollenes Tuch gehüllt, so wie elende Flüchtlinge auf gottverlassenen Bahnhöfen schlafen. Und was mir oder ihr in der Zwischenzeit auch zustieß, es kam nie zu irgendwelchen Aussprachen zwischen uns, da wir in den Pausen unseres Schicksals niemals aneinander dachten, so dass sich bei jedem Wiedersehen das Tempo des Lebens auf der Stelle änderte, alle seine Atome neu kombiniert wurden und wir in einem anderen, leichten Zeitmedium lebten, dessen Maß nicht die langwierigen Trennungen, sondern die wenigen Begegnungen waren, aus denen auf diese Weise künstlich ein kurzes, vermeintlich leichtfertiges Leben entstand. Und mit jeder neuen Begegnung wurde ich besorgter; nein, meine Gefühle wurden nicht aus der Bahn geworfen, nicht geisterte der Schatten der Tragödie durch unsere Freuden, meine Ehe wurde nicht in Mitleidenschaft gezogen, während auf der anderen Seite ihr in erotischer Hinsicht eklektischer Ehegatte ihre beiläufigen Affären übersah, obwohl er aus ihnen einigen Vorteil in Form angenehmer und nützlicher Beziehungen schlug. Ich wurde besorgt, weil etwas Wunderschönes, Zartes und Unwiederholbares vergeudet wurde: etwas, das ich missbrauchte, wenn ich mir in großer Eile armselige helle Stückchen davon abbrach und dabei den bescheidenen, aber wahren Kern verschmähte, den es mir möglicherweise in einem Mitleid heischenden Wispern darbot. Ich war besorgt, weil ich schließlich Ninas Leben irgendwie doch akzeptierte, die Lügen, die Vergeblichkeit, das Kauderwelsch dieses Lebens. Obwohl es keinerlei Gefühlsdissonanz gab, fühlte ich mich verpflichtet, nach einer vernünftigen, wenn schon nicht moralischen Erklärung meines Daseins zu suchen, und das hieß, zwischen der Welt zu wählen, in der ich Modell saß für mein Porträt, mit meiner Frau, meinen kleinen Töchtern, dem Dobermannpinscher (idyllische Girlanden, ein Siegelring, ein dünner Spazierstock), zwischen dieser glücklichen, weisen und guten Welt … und was? Bestand irgendeine praktische Chance, ein Leben gemeinsam mit Nina zu führen, ein Leben, das ich mir schwer auch nur vorzustellen vermochte, denn ich wusste, es wäre mit einer leidenschaftlichen, unerträglichen Bitterkeit durchtränkt, und jeder seiner Augenblicke wäre sich einer Vergangenheit bewusst, in der es von proteischen Partnern wimmelte. Nein, das Ganze war absurd. Und war sie darüber hinaus nicht durch etwas Stärkeres als Liebe an ihren Gatten gekettet – die unerschütterliche Freundschaft zwischen zwei Strafgefangenen? Absurd! Doch was denn hätte ich mit dir anfangen sollen, Nina, wie hätte ich mich dieser aufgespeicherten Traurigkeit entledigen können, die sich als Ergebnis unserer scheinbar unbekümmerten, in Wahrheit jedoch hoffnungslosen Begegnungen angesammelt hatte?

Fialta besteht aus einer Alt- und einer Neustadt; hier und da sind Vergangenheit und Gegenwart miteinander verflochten und liegen im Kampf, um sich entweder voneinander freizumachen oder gegenseitig vollends auszustoßen; jede hat ihre eigenen Methoden: Die Neue liefert einen ehrlichen Kampf – sie importiert Palmen, richtet schmucke Reisebüros ein und bemalt die rote Fläche der Tennisplätze mit hellgelben Linien; wohingegen die heimtückische Stadt von dazumal hinter einer Ecke in Gestalt einer auf Krücken gehenden Gasse hervorkommt oder in der von Treppenstufen, die nirgendwo hinführen. Auf unserem Weg zum Hotel kamen wir an einer halbfertigen, weißen, innen mit Abfällen übersäten Villa vorbei, an deren einer Wand wieder die gleichen Elefanten auf gewaltigen, buntbemalten Trommeln saßen, ihre ungetümen Babyknie weit gespreizt; eine (bereits mit einem Bleistiftschnurrbart versehene) Kunstreiterin in ätherischem Ballettröckchen ruhte auf der breiten Kruppe eines Pferdes; und ein Clown mit Tomatennase lief über ein Drahtseil, einen Schirm balancierend, der mit jenen immer wiederkehrenden Sternen geschmückt war – eine auf vage Weise sinnbildhafte Erinnerung an die himmlische Heimat der Zirkuskünstler. Hier, in Fialtas Rivierateil, knirschte der nasse Kies luxuriöser, deutlicher war das träge Aufseufzen der See zu vernehmen. Im Hinterhof des Hotels jagte ein mit einem Messer bewaffneter Küchenjunge hinter einem Huhn her, das wild gluckend um sein Leben lief. Ein Schuhputzer bot mir mit zahnlosem Lächeln seinen uralten Thron. Unter den Platanen standen ein Motorrad deutscher Herkunft, eine schlammbespritzte Limousine und ein gelber, langrumpfiger Icarus, der wie ein gigantischer Skarabäus aussah (»Das ist unser – Segurs, meine ich«, sagte Nina und fügte hinzu: »Warum kommst du nicht mit, Victor?« – obwohl sie sehr wohl wusste, dass ich nicht mitkommen konnte). In den Lack seiner Flügeldecken war ein Guaschbild mit Himmel und Gezweig versenkt; das Metall eines seiner bombenförmigen Scheinwerfer spiegelte einen Augenblick lang uns selbst, hagere Fußgänger aus dem Land des Films, die über die konvexe Oberfläche glitten; und dann, nach einigen Schritten, warf ich einen Blick zurück und sah sozusagen beinahe optisch voraus, was in Wirklichkeit erst etwa eine Stunde später geschah: wie die drei in Sturzhelmen einstiegen, lächelten und mir zuwinkten, durchsichtig für mich wie Gespenster, durch welche die Farbe der Welt hindurchleuchtet, und sich dann in Bewegung setzten, sich entfernten, kleiner wurden (Ninas letzter zehnfingriger Abschied); in Wirklichkeit jedoch rührte sich das Automobil, glatt und heil wie ein Ei, noch nicht von der Stelle, und Nina schritt unter meinem ausgestreckten Arm durch einen von Lorbeer flankierten Eingang, und als wir uns setzten, konnten wir durch das Fenster Ferdinand und Segur, die einen anderen Weg genommen hatten, langsam näher kommen sehen.

Auf der Veranda, wo wir unsere Mittagsmahlzeit einnahmen, befand sich niemand außer dem Engländer, der mir unlängst aufgefallen war; vor ihm warf ein hohes Glas mit einem knallroten Drink ein ovales Lichtmuster auf das Tischtuch. In seinen Augen nahm ich das gleiche blutunterlaufene Verlangen wahr, aber jetzt stand es mit Nina in keinem Zusammenhang; der gierige Blick galt nicht ihr, er war unverwandt auf die obere rechte Ecke des breiten Fensters gerichtet, neben dem er saß.

Nina hatte die Handschuhe von den kleinen, dünnen Händen gestreift und aß zum letzten Mal in ihrem Leben jene Krustentiere, für die sie eine solche Vorliebe hatte. Auch Ferdinand beschäftigte sich mit dem Essen, und ich nutzte seinen Hunger aus, ein Gespräch anzufangen, das mir einen Anschein von Macht über ihn gab: Genauer gesagt, ich erwähnte den Misserfolg seines neuen Stückes. Nach einer kurzen Periode religiösen Umgangs, wie er gerade in Mode war, in deren Verlauf er der Gnade teilhaftig wurde und mehrere reichlich zweideutige Pilgerfahrten unternahm, die in einem entschieden skandalösen Abenteuer endeten, hatte er seinen matten Blick gen Moskau gewandt, das barbarische Moskau. Nun habe ich mich, offen gesagt, immer über die selbstgefällige Überzeugung geärgert, dass ein kleines Wellchen Bewusstseinsstrom, ein paar gesunde Obszönitäten und eine Prise Kommunismus in irgendeinem alten Spüleimer auf alchimistische Weise und ganz von allein ultramoderne Literatur ergäben; und bis man mich erschießt, werde ich darauf beharren, dass Kunst, sobald sie mit Politik in Berührung gebracht wird, unvermeidlich auf das Niveau beliebigen ideologischen Plunders herabsinkt. In Ferdinands Fall allerdings war all dies unerheblich: Die Muskeln seiner Muse waren außergewöhnlich kräftig, ganz zu schweigen von dem Umstand, dass ihm das Elend der Unterdrückten völlig egal war; doch wegen gewisser, auf dunkle Weise bösartiger Unterströmungen dieser Art war seine Kunst noch widerwärtiger geworden. Bis auf ein paar Snobs hatte kein Mensch das Stück verstanden; selber hatte ich es nicht gesehen, aber jene komplizierte kremleske Nacht, an deren unmöglichen Spiralen entlang er verschiedene Räder zerstückelter Symbole kreisen ließ, konnte ich mir gut vorstellen; und jetzt fragte ich ihn nicht ohne Schadenfreude, ob er kürzlich eine bestimmte kleine Kritik gelesen hätte.

»Kritik!«, rief er. »Schöne Kritik! Jeder geleckte Affe hält es für angebracht, mir Lehren zu erteilen. Keine Ahnung zu haben von meinem Werk, ist ihr Stolz. Meine Bücher werden behutsam angefasst, wie etwas, das in die Luft gehen könnte. Kritik! Man untersucht sie unter jedem Aspekt, nur unter dem wesentlichen nicht. Es ist, als ob ein Naturforscher, der das *genus equus* beschreiben will, anfinge, über Sättel oder Mme de V. zu quasseln (er nannte eine bekannte literarische Salondame, die in der Tat große Ähnlichkeit mit einem grinsenden Pferd hatte). Ich möchte auch etwas von diesem Taubenblut«, fuhr er im gleichen scharfen Ton fort, jetzt an den Kellner gewandt, der seinen Wunsch erst begriff, als er in die Richtung des Fingers mit dem langen Nagel blickte, der unmanierlich auf das Glas des Engländers deutete. Aus irgendeinem Grund erwähnte Segur Ruby Rose, die Dame, die Blumen auf ihren Busen malte, und die Unterhaltung nahm einen weniger beleidigenden Charakter an. Inzwischen kam der große Engländer plötzlich zu einem Entschluss, stieg auf einen Stuhl, trat von da auf das Fensterbrett und reckte sich, bis er die erstrebte Ecke des Fensterrahmens erreichte, wo ein kompakter, pelziger Nachtfalter saß, den er behände in eine kleine Schachtel steckte.

»… etwa wie Wouwermans Schimmel«, sagte Ferdinand in Zusammenhang mit dem, worüber er gerade mit Segur sprach.

»*Tu es très hippique ce matin*«, bemerkte Letzterer.

Bald gingen sie beide telefonieren. Ferdinand hatte eine besondere Vorliebe für Ferngespräche und dazu ein besonderes Geschick, sie – egal, über welche Entfernung hin – mit freundlicher Wärme auszustatten, wenn es galt, wie zum Beispiel jetzt, eine kostenlose Übernachtung zu ergattern.

Von weit her kamen Musikgeräusche – eine Trompete, eine Zither. Nina und ich begaben uns wieder nach draußen und bummelten durch die Straßen. Offenbar hatte der Zirkus auf seinem Weg nach Fialta eine Vorausabteilung vorgeschickt: Eine Reklameprozession zog vorüber. Ihr Anfang allerdings entging uns, da sie bergauf in eine Nebenallee abgebogen war: Die vergoldete Rückwand irgendeines Gefährts entschwand, ein Mann im Burnus führte ein Kamel, vier hintereinander gehende mittelmäßige Indianer trugen an Stangen Plakate, und hinter ihnen saß dank einer Sondererlaubnis der kleine Sohn eines Touristen im Matrosenanzug andächtig auf einem winzigen Pony.

Wir kamen an einem Café vorbei, wo die Tische jetzt fast trocken, aber immer noch leer waren; der Kellner begutachtete einen grässlichen Findling (hoffentlich adoptierte er ihn später), das absurde Tintenfassungeheuer, das Ferdinand im Vorübergehen auf der Balustrade ausgesetzt hatte. An der nächsten Ecke zog uns eine alte steinerne Treppe an, wir stiegen hinauf, und ich blickte unverwandt auf den spitzen Winkel, den Ninas Schritt beim Hinaufsteigen bildete – sie hob ihren Rock, und seine Enge erforderte die gleiche Geste wie früher die Rocklänge; eine mir vertraute Wärme ging von ihr aus, und während ich neben ihr hinaufstieg, kam mir unser letztes Wiedersehen in den Sinn. Es war in einem Haus in Paris gewesen, viele Leute waren anwesend, und mein guter Freund Jules Darboux, im Wunsch, mir einen erlesenen ästhetischen Gefallen zu erweisen, hatte mich am Ärmel berührt und gesagt: »Darf ich dich vorstellen …« und mich dann zu Nina geführt, die in der Ecke einer Couch saß, ihre Gestalt zu einem Z gefaltet, einen Aschenbecher neben dem Schuhabsatz; sie hatte eine lange Türkiszigarettenspitze von den Lippen genommen und freudig und langsam gerufen: »Also dass ich gerade dich treffe …« – und dann, den ganzen Abend lang, war mir, als wolle mir das Herz zerspringen, während ich mit einem klebrigen Glas in der Faust von Gruppe zu Gruppe ging, hin und wieder aus der Ferne nach ihr Ausschau hielt (ihre Augen suchten mich nicht), einzelne Gesprächsbrocken erhaschte und mithörte, wie ein Mann zu einem anderen sagte: »Komisch, dass sie alle gleich riechen, durch jedes Parfum hindurch nach verbranntem Laub, diese dunkelhaarigen Mädchen mit den scharfen Gelenken«, und wie es oft geschieht, klammerte sich eine triviale Bemerkung über irgendeinen unbekannten Gegenstand an die eigene vertraute Erinnerung, hielt sich daran fest und krümmte sich, ein Parasit ihrer Traurigkeit.

Oben auf der Treppe angekommen, fanden wir uns auf einer Art Terrasse. Von hier aus war der zarte Umriss des taubengrauen Mt. Sankt Georg mit einem Haufen knochenweißer Flecken (irgendein kleines Dorf) auf einem seiner Hänge zu sehen; der Rauch eines unsichtbaren Zuges wellte sich um seinen runden Fuß – und verschwand plötzlich; noch weiter unten, über dem Dächergewirr, konnte man eine einsame Zypresse erkennen, die Ähnlichkeit hatte mit der feuchten, gezwirbelten schwarzen Spitze eines Tuschpinsels; zur Rechten sah man einen kleinen Teil des Meeres, das grau war und silbrige Falten warf. Zu unseren Füßen lag ein rostiger alter Schlüssel, und an der Wand des halbverfallenen Hauses neben der Terrasse hingen immer noch irgendwelche Drahtenden … Es kam mir in den Sinn, dass es hier einst Leben gegeben, eine Familie die Kühle der Abenddämmerung genossen hätte, dass ungeschickte Kinder im Licht einer Lampe mit Malbüchern beschäftigt gewesen wären … Wir verweilten dort oben, als horchten wir auf irgendetwas; Nina, die höher stand als ich, legte mir eine Hand auf die Schulter und lächelte, und mit Sorgfalt, auf dass ihr Lächeln nicht knitterte, küsste sie mich. Mit unerträglicher Heftigkeit erlebte ich noch einmal (so scheint es mir wenigstens) alles, was, angefangen mit einem ähnlichen Kuss, je zwischen uns gewesen war; und ich sagte (anstelle unseres billigen, förmlichen »Du« jenes seltsam volle und bedeutungsschwere »Sie« verwendend, zu dem der Weltumsegler in jeder Hinsicht bereichert zurückkehrt): »Schauen Sie – was wäre, wenn ich Sie liebe?« Nina sah mich kurz an, ich wiederholte die Worte, ich wollte hinzusetzen … aber etwas wie eine Fledermaus strich kurz über ihr Gesicht, ein schneller, sonderbarer, fast hässlicher Ausdruck, und sie, die in völliger Unschuld grobe Worte in den Mund nehmen konnte, wurde verlegen; auch ich war verlegen … »Keine Sorge, ich habe nur Spaß gemacht«, sagte ich rasch und legte leicht den Arm um ihre Taille. Von irgendwoher erschien ein fester Strauß kleiner, dunkler, selbstlos duftender Veilchen in ihren Händen, und bevor sie zu ihrem Gatten und Auto zurückkehrte, standen wir noch eine kurze Weile an der Steinbrüstung, und unsere Affäre war hoffnungsloser denn je. Doch der Stein war warm wie Menschenhaut, und plötzlich verstand ich etwas, das ich gesehen hatte, ohne es zu begreifen – warum ein Stückchen Stanniolpapier auf dem Pflaster so geglitzert, warum auf einem Tischtuch der Abglanz eines Glases gezittert hatte, warum die See ein einziger Lichtschimmer war: Irgendwie hatte sich allmählich der weiße Himmel über Fialta unmerklich mit Sonnenschein gesättigt, und nun war er ganz und gar von Sonne durchdrungen, und das überströmende weiße Leuchten wurde weiter und weiter, alles löste sich darin auf, alles verschwand, alles verging, und ich stand auf dem Bahnsteig von Mlech, in der

Hand eine soeben gekaufte Zeitung, aus der ich erfuhr, dass der gelbe Wagen, den ich unter den Platanen gesehen hatte, hinter Fialta einen Unfall gehabt hatte, als er in voller Geschwindigkeit in den Lastwagen eines Wanderzirkus auf dem Weg in die Stadt gerast war, einen Unfall, aus dem Ferdinand und sein Freund, diese unverwundbaren Schurken, diese Salamander des Schicksals, die glücklichen Basilisken, mit örtlichen und heilbaren Verletzungen ihrer Schuppenhaut hervorgegangen waren, während Nina trotz ihrer anhaltenden und getreulichen Versuche, es ihnen gleichzutun, sich am Ende doch als sterblich erwiesen hatte.

Lance

1

Der Name des Planeten, falls er schon einen erhalten hat, tut nichts zur Sache. In seiner günstigsten Opposition mag er von der Erde gerade so viele Meilen entfernt sein, wie Jahre zwischen dem letzten Freitag und der Entstehung des Himalajas liegen – ein Millionenfaches vom Durchschnittsalter des Lesers. Im teleskopischen Bereich der Phantasie, durch das Prisma der Tränen würden alle Besonderheiten, die er etwa aufzuweisen hat, nicht auffälliger erscheinen als jene tatsächlich existierender Planeten. Eine rosige, mit schattigen Flecken gesprenkelte Kugel, ist er eins von unzähligen Objekten, die geschäftig in der unendlichen und sinnlosen Schrecklichkeit des fließenden Raumes rotieren.

Meines Planeten *maria* (die keine Meere sind) und seine *lacus* (sie sind keine Seen) haben, so wollen wir annehmen, auch Namen erhalten; einige davon sind möglicherweise weniger albern als die Namen von Zuchtrosen, andere nichtssagender als die Nachnamen ihrer Entdecker (denn dass – um tatsächliche Fälle herauszugreifen – ein Astronom Lampland heißen sollte, ist ein ebenso großes Wunder wie ein Entomologe namens Krautwurm); die meisten indes sind von so altertümlicher Art, dass sie es an klangvollem und ruchlosem Zauber mit den Ortsnamen in Ritterromanen aufnehmen können.

Genau wie unsere »Fichtenaus« hienieden oft wenig mehr zu bieten haben als eine Schuhfabrik auf der einen Seite der Geleise und das rostige Inferno eines Autofriedhofs auf der anderen, so mögen auch diese verführerischen

Arkadien und Ikarien und Zephyrien auf Himmelsatlanten sich leicht als tote Wüsten erweisen, denen selbst die Schwalbenwurz fehlt, die unsere Schuttabladeplätze ziert. Selenographen werden das bestätigen, denn ihre Linsen leisten ihnen bessere Dienste als uns die unseren. Im vorliegenden Fall erscheint die Sprenkelung der Oberfläche des Planeten mit zunehmender Vergrößerung immer mehr wie von einem tauchenden Schwimmer gesehen, der durch halbdurchsichtiges Wasser nach oben späht. Und wenn manche untereinander verbundenen Markierungen undeutlich dem gelochten Linienmuster eines chinesischen Damebretts ähneln, so wollen wir sie als geometrische Halluzinationen gelten lassen.

Nicht nur jedem allzu bestimmten Gestirn versage ich es, in meiner Geschichte irgendeine Rolle zu spielen – eine Rolle, wie sie jedes Pünktchen in dieser Geschichte zu spielen hat (die ich als eine Art Himmelsatlas sehe) –, ich weigere mich auch, mich mit jenen technischen Prophezeiungen zu befassen, die Wissenschaftler Berichten zufolge Reportern gegenüber zum Besten geben. Der Raketen-Racket ist meine Sache nicht. Ebenso wenig die kleinen künstlichen Satelliten, die der Erde verheißen sind; sternene Landebahnen für Raumschiffe – eins, zwei, drei, vier, und dann Tausende von Luftburgen, eine jede komplett mit Palas und Bergfried, von irdischen Nationen in einem Taumel wetteifernder Wirrsal, künstlicher Schwerkraft und wild flatternder Fahnen zusammengebaut.

Ein anderes, für das ich keinerlei Verwendung habe, ist die Sache mit den Spezialausrüstungen – der luftdichte Anzug, der Sauerstoffapparat – Gerätschaften dieser Art. Wie der alte Mr. Boke, von dem wir gleich noch hören werden, bin ich auf hervorragende Weise imstande, mich über diese praktischen Dinge hinwegzusetzen (die ohnehin verurteilt sind, künftigen Raumfahrern, wie etwa dem einzigen Sohn des alten Boke, absurd unpraktisch vorzukommen), denn die Gefühle, die technische Apparaturen in mir erwecken, reichen von dumpfem Misstrauen zu krankhafter Angst. Nur unter heroischer Anstrengung kann ich mich dazu aufraffen, eine Glühbirne, die eines unerklärlichen Todes gestorben ist, gegen eine andere auszuwechseln, die mir dann ins Gesicht blendet, so grässlich und plötzlich wie ein Drache, der einem in der nackten Hand aus dem Ei schlupft.

Schließlich habe ich für die sogenannte *»science-fiction«* nur Ablehnung und Verachtung. Ich habe hineingeschaut und sie genauso langweilig gefunden wie Detektivgeschichten-Hefte – dieselbe Art öder Trivialliteratur mit endlosen Dialogen und Berufsverkehrshumor in Mengen. Die Klischees sind natürlich verkleidet; im Wesentlichen aber bleiben sie sich bei allem billigen Lesestoff gleich, ob dieser nun das Universum umspannt oder das Wohnzimmer. Sie sind wie jene Keks-Mischungen, deren Bestandteile nur in Form und Farbe verschieden sind; ihre raffinierten Hersteller verstricken damit den Konsumenten, dem das Wasser im Munde zusammenläuft, in eine verrückte Pawlow'sche Welt, in der simple visuelle Variationen, die keine weiteren Kosten verursachen, den Geschmack beeinflussen und langsam ersetzen, so dass er alsbald den Weg aller Begabung und Wahrheit geht.

So grinst denn der brave Kerl, der Schurke hohnlächelt, und ein edles Gemüt führt Slangreden im Munde. Sternzaren und Direktoren von Galaktischen Gewerkschaften sind praktisch Abbilder jener forschen, rothaarigen Manager in höchst irdischen Erdenstellungen, die mit ihren kleinen Runzeln die zu Herzen gehenden Geschichten der abgegriffenen Illustrierten in Frisiersalons illustrieren. Eroberer von Denebola und Spica, die Polizisten der Virgo, haben Namen mit Mac am Anfang; kalte Wissenschaftler findet man gewöhnlich unter den -steins; einige von ihnen teilen mit den supergalaktischen Girls so abstrakte Etikette wie Biola oder Vala. Bewohner anderer Planeten, »vernunftbegabte« Wesen, humanoid oder des einen oder anderen mythischen Fabrikats, haben einen bemerkenswerten Zug gemeinsam: Ihre intime Struktur wird niemals enthüllt. In einem äußersten Zugeständnis an die Sittsamkeit der Zweifüßler tragen Kentauren nicht einfach nur einen Lendenschurz; sie tragen ihn um die Vorderbeine.

Damit scheint die Eliminierung abgeschlossen – falls nicht irgendjemand die Zeitfrage zu erörtern wünscht? Auch hier wieder überlasse ich es gern den fähigen Pranken eines Starzan und anderen Helden von Comic- oder Atomic-Streifen, die ehrliche »1« in unserem »1900« gegen eine anmaßende »2« oder »3« zu vertauschen, um den jungen Emery L. Boke deutlich zu sehen, meinen mehr oder minder entfernten Nachfahren, der ein Mitglied der ersten interplanetarischen Expedition sein soll (welche schließlich das einzige, bescheidene Postulat meiner Erzählung ist). Mag es nun A. D. 2145 sein oder A. A. 200, darauf kommt es nicht an. Ich habe nicht die Absicht, irgendwelchen begründeten Ansprüchen ins Gehege zu kommen. Dies ist eine reine Laienvorstellung, mit recht beiläufigen Requisiten, einem Minimum an Kulissen und den borstigen Überresten eines toten Stachelschweins in einer Ecke der alten

Scheune. Wir sind hier unter Freunden, den Browns und den Bensons, den Whites und den Wilsons, und wenn jemand hinausgeht, um zu rauchen, so hört er die Grillen und in der Ferne einen Hofhund (der sein Gebell zuweilen unterbricht, um auf etwas zu horchen, was wir nicht hören können). Der Sommernachtshimmel ist ein Durcheinander von Sternen. Emery Lancelot Boke mit einundzwanzig weiß unendlich viel mehr über sie als ich, der ich fünfzig bin und gepackt von Entsetzen.

2

Lance ist groß und dünn, hat kräftige Sehnen und grünliche Venen auf seinen sonnengebräunten Unterarmen und eine Narbe auf der Stirn. Wenn er nichts tut, nur unruhig dasitzt wie eben, auf der Kante eines niedrigen Sessels, vorgebeugt, die Schultern angezogen, die Ellbogen auf die großen Knie gestützt, dann hat er die Angewohnheit, die schönen Hände langsam zu falten und wieder zu öffnen – eine Geste, die ich für ihn von einem seiner Vorfahren ausleihe. Sein gewöhnlicher Ausdruck ist der des Ernstes, der unbehaglichen Konzentration (alles Denken ist unbehaglich, und insbesondere junges Denken); im Augenblick jedoch ist es eine Art Maske, die seinen wilden Wunsch verbirgt, sich einer langanhaltenden Spannung zu entledigen. In der Regel lächelt er nicht oft, und außerdem ist »lächeln« ein zu glattes Wort für die abrupte, strahlende Verzerrung, die nun plötzlich seinen Mund und seine Augen erhellt, während die Schultern noch höher gezogen werden, die unruhigen Hände gefaltet bleiben und er leicht mit dem

Zeh des einen Fußes auftippt. Seine Eltern sind mit im Zimmer und ebenfalls ein zufälliger Besucher, ein Dummkopf und Langweiler, der nicht merkt, was hier vor sich geht – denn dies ist ein Augenblick der Verlegenheit in einem düsteren Haus am Vorabend eines ungeheuerlichen Aufbruchs.

Eine Stunde verstreicht. Endlich hebt der Besucher seinen Zylinderhut vom Teppich auf und geht. Lance bleibt allein mit seinen Eltern, was die Spannung nur noch erhöht. Mr. Boke sehe ich deutlich genug vor mir. Aber Mrs. Boke kann ich mir in keiner Weise klar vorstellen, wie tief ich mich auch in meine schwierige Trance versenke. Ich weiß, dass sie ihre Fröhlichkeit – Geplauder, rascher Augenaufschlag – weniger ihres Sohnes wegen als vielmehr für ihren Mann und sein alterndes Herz aufrechterhält, und der alte Boke merkt das nur zu gut; neben seiner eigenen ungeheuren Beklommenheit muss er es nun auch noch mit ihrer gespielten Munterkeit aufnehmen, die ihm stärker zusetzt als ein gänzlicher und bedingungsloser Zusammenbruch. Ich bin etwas enttäuscht, dass ich ihre Züge nicht ausmachen kann. Das Einzige, was ich flüchtig zu erkennen vermag, ist ein zerfließender Schimmer Lichts auf der einen Seite ihres verschwommenen Haars; vermutlich bin ich darin auf heimtückische Weise von den Standardeffekten der modernen Fotografie beeinflusst, und ich spüre, wie viel leichter das Schreiben in früheren Tagen gewesen sein muss, als unsere Vorstellungskraft noch nicht von all diesem Anschauungsmaterial eingeengt war und ein Pionier, der seinen ersten Riesenkaktus oder den ersten Gebirgsschnee betrachtete, nicht zwangsläufig an die Bildreklame einer Reifenfirma erinnert wurde.

Im Falle von Mr. Boke ertappe ich mich dabei, dass ich mit den Gesichtszügen eines alten Geschichtsprofessors operiere, eines hervorragenden Fachmanns fürs Mittelalter, dessen weißer Backenbart, rosa Schädel und schwarzer Anzug auf einem gewissen sonnigen Universitätsgelände im tiefen Süden berühmt sind, aber deren ganzer Vorteil im Zusammenhang mit dieser Geschichte (außer einer leichten Ähnlichkeit mit einem lange verstorbenen Großonkel von mir) darin besteht, dass seine Erscheinung etwas Unzeitgemäßes hat. Wer sich selbst gegenüber ganz ehrlich ist, wird zugeben, dass nichts Außergewöhnliches in der Neigung liegt, den Sitten und Kleidern einer fernen Zeit (die zufällig in der Zukunft liegt) etwas Altmodisches zu geben, ein schlechtgebügeltes, ungepflegtes, staubiges Etwas – sind doch Begriffe wie »unzeitgemäß«, »anachronistisch« und so weiter auf die Dauer die einzigen, mit denen wir uns eine Fremdartigkeit vorstellen und ihr Ausdruck verleihen können, die keine Forschung vorherzusehen vermag. Das Zukünftige ist nur die Umkehrung des Veralteten.

In jenem armseligen Zimmer, in gelblichem Lampenlicht, spricht Lance noch über ein paar letzte Dinge. Unlängst hat er von einem wüsten Fleck in den Anden, wo er irgendeinen noch namenlosen Gipfel bestieg, ein junges Chinchilla-Pärchen mitgebracht – aschgraue, kaninchengroße Nagetiere (*Hystricomorpha*) mit erstaunlich viel Fell, langen Schnurrhaaren, rundem Hinterteil und Ohren wie Blütenblätter. Er hält sie im Haus, in einem Stall mit einer Drahtgitterwand, und gibt ihnen Erdnüsse, Puffreis und Rosinen zu fressen und als besonderen Leckerbissen ein Veilchen oder eine Aster. Er hofft, dass sie im Herbst Junge werfen. Jetzt wiederholt er seiner Mutter ein paar nachdrückliche Anweisungen – das Futter seiner Lieblinge knusprig, den Stall trocken zu halten und ihr tägliches Staubbad nicht zu vergessen (feiner Sand mit zerstoßener Kreide gemischt), in dem sie höchst munter zappeln und sich wälzen. Während dies besprochen wird, zündet Mr. Boke immer wieder seine Pfeife an und legt sie schließlich weg. Mit einem Ausdruck gespielter, wohlwollender Geistesabwesenheit beginnt der alte Mann hin und wieder mit einer Reihe von Lauten und Bewegungen, die niemanden täuschen; er räuspert sich und tritt, die Hände auf dem Rücken verschränkt, wie zufällig ans Fenster; oder er summt mit geschlossenen Lippen und ohne Melodie vor sich hin; und scheinbar von diesem kleinen nasalen Motor angetrieben, schreitet er aus dem Zimmer. Aber kaum hat er die Bühne verlassen, schüttelt er sich und wirft den komplizierten Bau seiner gütigen, brummelnden Rolle ab. In einem Schlafzimmer oder Badezimmer hält er ein, als wolle er in elender Verlassenheit aus irgendeiner versteckten Flasche tief und krampfhaft trinken, und schwankt sogleich wieder hinaus, trunken vor Kummer.

Die Bühne ist unverändert, als er still zurückkehrt, seine Jacke zuknöpft und das leise Summen wieder aufnimmt. Es handelt sich jetzt nur noch um Minuten. Lance schaut in den Stall, bevor er geht, und lässt Chin und Chilla, jedes mit einer Blume in den Vorderpfoten, auf ihren Hinterbeinen sitzend zurück. Das Einzige, was ich sonst von diesen letzten Augenblicken weiß, ist, dass Redensarten wie »hast du auch das frischgewaschene Seidenhemd nicht vergessen?« oder »weißt du, wo du die neuen Pantoffeln hingetan hast?« unterblieben. Alles, was Lance mitnimmt, ist bereits an dem geheimnisvollen, unnennbaren und entsetzlichen Ort seiner Abreise zur Stunde Null beisammen; von dem, was wir brauchen, braucht er nichts; mit leeren Händen und ohne Hut geht er aus dem Haus, lässig und unbeschwert wie einer, der zum Zeitungsstand geht – oder auf ein ruhmreiches Schafott.

3

Irdischer Raum liebt Verborgenheit. Das Äußerste, was er dem Auge bietet, ist ein Panorama. Der Horizont schließt sich vor dem sich entfernenden Reisenden wie eine in Zeitlupentempo bewegte Falltür. Für die Zurückbleibenden ist jede auch nur eine Tagesreise entfernte Stadt unsichtbar, während man solche Transzendenzen wie beispielsweise ein lunares Amphitheater und den von seinem kreisförmigen Gebirgskamm geworfenen Schatten ohne weiteres erkennen kann. Der Zauberer, der das Firmament zur Schau stellt, hat die Ärmel hochgerollt und gibt seine Vorstellung direkt vor den Augen seiner kleinen Zuschauer. Planeten mögen der Sicht entschwinden (genau wie Gegenstände von der verschwommen wahrnehmbaren Rundung der eigenen Wange ausgelöscht werden); doch sie sind wieder da, wenn die Erde den Kopf wendet. Die Nacktheit der Nacht ist grauenhaft. Lance ist gegangen; die Zerbrechlichkeit seiner jungen Glieder wächst in demselben Maß wie die Entfernung, die er zurücklegt. Von ihrem Balkon schauen die alten Bokes in den unendlich gefährlichen Nachthimmel und beneiden glühend das Los von Fischersfrauen.

Wenn Bokes Quellen stimmen, taucht der Name »Lanceloz del Lac« zuerst in Vers 3676 des »Roman de la Charrete« aus dem zwölften Jahrhundert auf. Lance, Lancelin, Lancelotik –Diminutive, zu den überflutenden, salzigen, feuchten Sternen emporgeflüstert. Ritter, die in jungen Jahren das Harfenspiel, die Falkenbeize und die Jagd erlernen; der Wald der Gefahren und die Burg der Schmerzen; Aldebaran, Beteigeuze – der Donner sarazenischer Schlachtrufe. Wunderbare Waffentaten, wunderbare Krieger funkeln in den furchtbaren Sternbildern über dem Balkon der Bokes: Herr Percard, der Schwarze Ritter, und Herr Perimones, der Rote Ritter, und Herr Pertelope, der Grüne Ritter, und Herr Persant, der Blaue Ritter, und jener barsche alte Herr Grummore Grummursum, der nordische Flüche vor sich hin murmelt. Der Feldstecher nützt wenig, die Karte ist ganz zerknittert und feucht, und »du hältst die Taschenlampe nicht richtig« – dies zu Mrs. Boke.

Tief Luft holen. Noch einmal hinsehen.

Lancelot ist fort; die Aussicht, ihn im Leben wiederzusehen, ist etwa so groß wie die auf ein Wiedersehen in der Ewigkeit. Lancelot ist aus dem Land der *Eau Grise* (wie wir die Großen Seen nennen könnten) verbannt und fährt nun auf in den Staub des Nachthimmels, fast so schnell, wie unser hiesiges Universum (mit dem Balkon und dem pechschwarzen, optisch gesprenkelten Garten) auf König Artus' Leier zueilt, wo die Wega brennt und winkt – eines der wenigen Objekte, die mit Hilfe dieser verdammten Karte identifiziert werden können. Der Sternendunst verursacht den Bokes Schwindel – grauer Weihrauch, Wahnsinn, Unendlichkeitsübelkeit. Doch sie können sich nicht losreißen von diesem Albdruck des Raums, können nicht zurückkehren in das erleuchtete Schlafzimmer, von dem eine Ecke in der Glastür zu sehen ist. Und dann geht *er* auf, der Planet, wie ein winziges Freudenfeuer.

Da, zur Rechten, ist die Schwertbrücke, die ins Jenseits führt (»*dont nus estranges ne retorne*«). Lancelot kriecht über sie unter großen Schmerzen, unter unsäglicher Qual hinweg. »Du sollst den Pass nicht passieren, der Pass der Gefahren genannt ist.« Doch ein anderer Zauberer befiehlt: »Du sollst. Es soll dir sogar Humor eigen werden, der dir hinweghilft über den Ort der Prüfung.« Die tapferen alten Bokes glauben, Lancelot zu erkennen, wie er mit Steigeisen den vereisten Fels des Himmels erklimmt oder still eine Spur durch den weichen Schnee der Spiralnebel zieht. Bootes, irgendwo zwischen Camp X und XI, ist ein großer Gletscher ganz aus Schutt und Eisfällen. Wir versuchen, die Serpentinen seines Aufstiegs zu verfolgen; scheinen Lances leichte Schlankheit zwischen den verschiedenen aneinandergeseilten Silhouetten unterscheiden zu können. Fort! War er es oder Denny (ein junger Biologe, Lances bester Freund)? Während wir im dunklen Tal zu Füßen des senkrechten Himmels warten, erinnern wir uns (Mrs. Boke deutlicher als ihr Mann) an jene besonderen Namen für Gletscherspalten und gotische Eisgebäude, die Lance in seiner alpinen Knabenzeit mit so viel professionellem Gusto im Mund führte (inzwischen ist er um mehrere Lichtjahre älter); Eisnadeln und Schründe; Lawinen und ihr dumpfer Donner; französische Echos und germanisches Zauberwesen in enger Nagelschuhgemeinschaft dort oben, wie in mittelalterlichen Romanzen.

Ah, da ist er wieder! Überquert eine Scharte zwischen zwei Sternen; versucht dann, sehr langsam, eine Traversierung an einer so steilen, so glatten, so wenig Halt bietenden Felswand, dass es schon Höhenschwindel hervorruft, an seine tastenden Fingerspitzen und schabenden Stiefel auch nur zu denken. Und durch fließende Tränen hindurch erblicken die alten Bokes nun Lance hilflos auf einem Felsgesims und dann wieder kletternd und jetzt, in schrecklicher Sicherheit, mit Eispickel und Rucksack auf dem höchsten aller Gipfel, sein zielstrebiges Profil lichtumrandet.

Oder ist er etwa schon beim Abstieg? Ich nehme an, dass keine Nachricht von den Entdeckungsreisenden kommt und die Bokes ihre herzergreifenden Nachtwachen fortsetzen. Während sie auf die Rückkehr ihres Sohnes warten, scheint jeder Weg seines Abstiegs in den Abgrund ihrer Verzweiflung zu führen. Aber vielleicht hat er sich über diese stark geneigten nassen Schieferplatten, die senkrecht in die Tiefe abfallen, hinweggeschwungen, hat er den Überhang bezwungen und gleitet nun glücklich steile himmlische Schneefelder hinab?

Da indessen die Türklingel der Bokes an der logischen Kulmination einer imaginären Reihe von Schritten nicht ertönt (wie geduldig wir auch einen auf den anderen folgen lassen, wenn sie in unserer Vorstellung näher und näher kommen), müssen wir ihn zurückversetzen und seinen Anstieg von vorn beginnen lassen und ihn dann noch weiter zurückversetzen, so dass er sich immer noch im Hauptquartier befindet (wo die Zelte sind und die offenen Latrinen und die bettelnden Kinder mit Füßen, die schwarz sind von Schmutz), lange nachdem wir uns vorgestellt hatten, wie er gebückt unter der Magnolie hindurch über den Rasen zur Tür und zur Türglocke heraufkommt. Als wäre er müde von seinen vielen Auftritten im Geist seiner Eltern, müht Lance sich jetzt beschwerlich durch schlammige Pfützen und dann einen Hügel hinauf, bald rutschend, bald kriechend auf dem welken Gras des Hangs, in der trostlosen Landschaft eines fernen Krieges. Vor ihm liegt noch ein Stück bergsteigerischer Routinearbeit, und dann der Gipfel. Der Hügelkamm ist bezwungen. Unsere Verluste sind groß. Wie wird man benachrichtigt? Telegrafisch? Durch Einschreibebrief? Und wer ist der Scharfrichter – ein Sonderkurier oder der gewöhnliche Briefträger mit dem schleppenden Gang und der roten Nase, der immer ein wenig angeheitert ist (er hat selber so seine Sorgen)? Hier unterschreiben. Großer Daumen. Kleines Kreuz. Schwacher Bleistift. Sein Holz ein dunkles Violett. Ihn zurückgeben. Die unleserliche Unterschrift wankend nahenden Unglücks.

Doch nichts kommt. Ein Monat vergeht. Chin und Chilla sind in bester Verfassung und scheinen einander sehr gewogen – zu einem wolligen Knäuel zusammengekuschelt, schlafen sie zusammen in der Nistecke. Nach vielen Versuchen hatte Lance einen Ton entdeckt, der den Chinchillas eindeutig zusagte und zustande gebracht wurde, indem man mit gespitztem Mund in rascher Folge mehrere leise, feuchte Schlürflaute ausstieß, so wie man mit einem Strohhalm trinkt, wenn das Getränk zur Neige geht und nur noch ein Rest aufzusaugen ist. Aber seine Eltern bringen ihn nicht zustande – die Tonhöhe ist falsch oder sonst etwas. Und es herrscht unerträgliche Stille in Lances Zimmer mit seinen zerlesenen Büchern, den fleckigen weißen Regalen, den alten Schuhen, dem verhältnismäßig neuen Tennisschläger in seinem absurd sicheren Spannrahmen und einem Penny auf dem Boden des Kleiderschranks –

und all das erfährt eine prismatische Auflösung, bis man die Schraube anzieht und alles wieder scharf und klar wird. Und schon kehren die Bokes auf ihren Balkon zurück. Hat er sein Ziel erreicht – und wenn ja, kann er uns sehen?

4

Der klassische Ex-Sterbliche betrachtet, auf einen Ellbogen gestützt, von einem blumenreichen Bergvorsprung aus diese Erde, dieses Spielzeug, diesen Kinderkreisel, der sich vor den Augen der Schaulustigen langsam in seinem Modellfirmament dreht, jeder Umriss so fröhlich und klar – die aufgemalten Ozeane, die Ostsee eine betende Frau, ein Standfoto der eleganten Amerikas bei ihrem Trapezkunststück und Australien wie ein auf der Seite liegendes Baby-Afrika. Unter meinen Zeitgenossen mag es Leute geben, die von ihrem Geist halb und halb erwarten, dass er mit Schaudern und einem Seufzer vom Himmel auf seinen heimatlichen Planeten herabschaut und ihn von Breitengraden umgürtet, von Längengraden umspannt und vielleicht von den fetten, schwarzen, teuflisch gekrümmten Pfeilen globaler Kriege gezeichnet sieht; oder, erfreulicherer Anblick, wie eine jener Bilderkarten von Ferienparadiesen ausgebreitet, mit einem trommelschlagenden Reservationsindianer hier und dort einem Mädchen in Shorts, mit konischen Koniferen an konischen Bergen und Anglern allerenden.

In Wahrheit, nehme ich an, würde mein junger Nachfahr in seiner ersten Nacht draußen, in der vorgestellten Stille einer unvorstellbaren Welt, die Oberfläche unserer Erdkugel durch die Tiefen ihrer Atmosphäre hindurch zu betrachten haben; das aber bedeutete: Staub, vereinzelte Lichtreflexe, Dunst und alle möglichen optischen Täuschungen, so dass Kontinente, falls sie überhaupt durch die wechselnde Bewölkung hindurchschienen, in seltsamen Verkleidungen vorüberzögen, mit unerklärlichen Farbschimmern und unkenntlichen Umrissen.

Aber all das ist nebensächlich. Das Hauptproblem ist dies: Wird der Geist des Weltraumfahrers den Schock überstehen? Man versucht, sich die Natur dieses Schocks so genau auszumalen, wie es die eigene geistige Sicherheit zulässt. Und wenn so schreckliche Risiken bereits die bloße Vorstellung belasten, wie dann wird die wirkliche Qual zu ertragen und zu bewältigen sein?

Zunächst und vor allem wird es Lance mit dem atavistischen Moment aufzunehmen haben. So fest haben sich Mythen in den strahlenden Himmel verschanzt, dass der gewöhnliche Menschenverstand sich gerne um die Aufgabe drückt, an den hinter ihnen liegenden ungewöhnlichen Sinn heranzukommen. Die Unsterblichkeit braucht einen Stern, auf dem sie bestehen kann, wenn sie sprießen und blühen und Tausende blaugefiederter Engelsvöglein tragen will, die alle so lieblich singen wie kleine Eunuchen. Tief im Geist des Menschen ist Sterben gleichbedeutend mit einem Verlassen der Erde. Ihrer Schwerkraft entrinnen heißt das Grab überwinden, und ein Mensch, der sich auf einem anderen Planeten wiederfindet, hat tatsächlich keine Möglichkeit, sich zu beweisen, dass er nicht tot ist – dass der naive alte Mythos sich nicht doch erfüllt hat.

Ich denke nicht an den Schwachkopf, den ordinären haarlosen Affen, der über gar nichts staunt; seine einzige

Kindheitserinnerung ist die an ein Maultier, das ihn gebissen hat; sein einziges Bewusstsein von der Zukunft ein Wunschbild von Tisch und Bett. Woran ich denke, das ist der Mann von Phantasie und Wissen, dessen Mut ohne Grenzen ist, weil seine Neugier größer ist als sein Mut. Nichts hält ihn zurück. Er ist der *curieux* früherer Zeiten, aber von kräftigerer Statur und mit frischerem Herzen. Wenn es darum geht, einen Himmelskörper zu erforschen, so wird ihm die Befriedigung des leidenschaftlichen Wunsches zuteil, den nie zuvor berührten Stoff, aus dem der Sternleib besteht, mit eigenen Händen zu berühren, ihn zu streicheln, zu betrachten, einzuatmen und wieder zu streicheln – mit eben dem Lächeln namenloser, stöhnender, wehmütiger Lust. Jeder wahre Wissenschaftler (natürlich nicht der talentlose Scharlatan, dessen einziger Schatz die Unwissenheit ist, die er wie einen Knochen versteckt) sollte imstande sein, dieses sinnliche Vergnügen unmittelbarer und göttlicher Erkenntnis zu erfahren. Er mag zwanzig sein oder fünfundachtzig, ohne dieses Prickeln gibt es keine Wissenschaft. Und aus solchem Stoff ist Lance gemacht.

Wenn ich meine Phantasie aufs äußerste anspanne, sehe ich ihn die Panik überwinden, die der Affe vielleicht nie gefühlt hätte. Ohne Zweifel, Lance könnte in einer orangefarbenen Staubwolke gelandet sein, irgendwo mitten in der Wüste Tharsis (wenn das eine Wüste ist) oder nahe einem violetten Gewässer – Phoenicis oder Oti (wenn es doch Seen sein sollten). Andererseits … Wie das nämlich so geht in solchen Fällen, manches wird bestimmt sofort geklärt, auf schreckliche und unwiderrufliche Weise, während andere Dinge eins nach dem anderen auftauchen und nach und nach enträtselt werden. Als ich ein Junge war …

Als ich ein Junge war, sieben oder acht Jahre alt, pflegte ich einen ungefähr auf gleiche Weise wiederkehrenden Traum zu träumen, der in einer bestimmten Umgebung spielte, die ich rational niemals wiederzuerkennen oder zu identifizieren vermochte, obwohl ich manches fremde Land gesehen habe. Ich bin geneigt, sie jetzt zu verwenden, um ein klaffendes Loch, eine offene Wunde in meiner Geschichte zu verdecken. Es war nichts Besonderes an jener Umgebung, nichts Monströses oder auch nur Seltsames: nur ein Stück unverbindlicher Festigkeit, von einem Stück ebener Erde vorgestellt und von etwas neutralem Nebel überzogen; mit anderen Worten, mehr die belanglose Kehrseite einer Ansicht als diese selbst. Das Störende an diesem Traum war, dass ich aus irgendeinem Grunde nicht um diese Ansicht herumgehen konnte, um ihr von gleich zu gleich gegenüberzutreten. Im Nebel dort lauerte ein massives Etwas – eine Gesteinsmasse oder Ähnliches – von bedrückender und gänzlich sinnloser Gestalt, und im Verlauf meines Traumes füllte ich unaufhörlich irgendeinen Behälter (in die Sprache des Traums übersetzt: einen »Eimer«) mit kleinerer Masse (übersetzt: »Kiesel«), und meine Nase blutete, doch ich war zu ungeduldig und zu aufgeregt, um etwas dagegen zu tun. Und jedes Mal, wenn ich diesen Traum hatte, begann hinter mir plötzlich jemand zu schreien, und ich erwachte gleichfalls schreiend, so dass ich den ersten, anonymen Schrei mit seinem anfänglichen ansteigenden Jubelton fortsetzte, ohne dass ihm jetzt noch irgendein Sinn zukam – wenn je ein Sinn darin gewesen war. Um auf Lance zurückzukommen, so möchte ich meinen, dass etwas in der Art meines Traumes … Doch komisch, wenn ich überlese, was ich niedergeschrieben habe, so schwindet sein Hintergrund, die tatsächliche Erinnerung – ist mittlerweile völlig entschwunden –, und ich habe keine Möglichkeit, mir zu beweisen, dass hinter ihrer Beschreibung überhaupt irgendeine persönliche Erfahrung steht. Was ich sagen wollte, war, dass vielleicht Lance und seine Gefährten, als sie ihren Planeten erreichten, etwas empfanden, was meinem Traum verwandt ist – dem Traum, der mir nun nicht mehr gehört.

5

Und sie waren zurück! Ein Reiter, klippertiklapp, galoppiert durch den strömenden Regen über die Kopfsteinpflasterstraße zum Haus der Bokes, hält am Gartentor nahe der triefenden Magnolie und ruft die ungeheure Nachricht aus, indes die Bokes wie zwei hystricomorphe Nagetiere aus dem Haus gestürzt kommen. Sie sind zurück! Die Piloten sind zurück und die Astrophysiker und einer der Naturforscher (der andere, Denny, ist tot und wurde im Himmel zurückgelassen, womit der alte Mythos einen kuriosen Punkt für sich verbuchte).

Im sechsten Stock eines Provinzkrankenhauses, sorgfältig vor den Journalisten verborgen, befinde sich ihr Junge, so wird Mr. und Mrs. Boke gesagt, in einem kleinen Wartezimmer, zweite Tür rechts, bereit, sie zu empfangen; im Ton dieser Auskunft liegt etwas von scheuer Ehrerbietung, als bezöge sie sich auf einen Märchenkönig. Sie mögen leise eintreten; eine Krankenschwester, Mrs. Coover, wird ständig anwesend sein. Doch, es gehe ihm gut, sagt man ihnen – in einer Woche könne er sicherlich nach Hause. Dennoch sollten sie nicht länger als ein paar Minuten bleiben, und bitte keine Fragen – reden Sie über dies und das. Sie wissen schon. Und dann sagen Sie, dass Sie morgen oder übermorgen wiederkommen.

Lance, in grauem Morgenrock, kurzgeschoren, Sonnenbräune abgeblasst, verändert, unverändert, verändert, dünn, Saugwatte in den Nasenlöchern, sitzt auf der Kante einer Couch, die Hände gefaltet, ein wenig verlegen. Steht schwankend und mit einer strahlenden Grimasse auf und setzt sich wieder. Mrs. Coover, die Krankenschwester, hat blaue Augen und kein Kinn.

Anhaltendes Schweigen. Dann Lance: »Es war wunderbar. Einfach wunderbar. Im November fahre ich wieder.«

Pause.

»Ich glaube«, sagt Mr. Boke, »Chilla kriegt Junge.«

Rasches Lächeln, kleine Verneigung, zum Zeichen befriedigten Verständnisses. Dann, im Erzählerton: »*Je vais dire ça en français! Nous venions d'arriver . . .*«

»Zeigen Sie ihnen doch den Brief vom Präsidenten«, sagt Mrs. Coover.

»Wir waren gerade angekommen«, fährt Lance fort, »und Denny war noch am Leben, und das Erste, was er und ich sahen . . .«

Plötzlich aufgescheucht, unterbricht Schwester Coover: »Nein, Lance, nein. Bitte nicht, gnädige Frau. Keine Berührungen. So hat es der Arzt angeordnet, *bitte*.«

Warme Schläfe, kaltes Ohr.

Mr. und Mrs. Boke werden hinausgeleitet. Sie gehen rasch – obwohl keine Eile ist, überhaupt keine Eile, gehen den Korridor hinunter, an seiner schäbigen, oliv- und ockerfarbenen Wand entlang, deren unteres Olivgrün von dem oberen Ockergelb durch eine fortlaufende braune Linie getrennt ist, die zu den ehrwürdigen Aufzügen führt. Aufwärts (flüchtiger Anblick eines Greises im Rollstuhl). Im November wieder (Lancelin). Abwärts (die alten Bokes). In jenem Fahrstuhl befinden sich zwei lächelnde Frauen und, Gegenstand ihrer freudigen Sympathie, ein junges Mädchen mit einem Säugling und außerdem der grauhaarige, gebeugte, mürrische Fahrstuhlführer, der allen den Rücken kehrt.

Textnachweise

Stadtführer Berlin

Titel des russischen Originals: *Putevoditel' po Berlinu.* Erstveröffentlichung in: *Rul'* (Berlin), 24. Dezember 1925. – Englische Übersetzung von Dmitri Nabokov »in collaboration with the author« unter dem Titel *A Guide to Berlin* in: Vladimir Nabokov: *Details of a Sunset, and Other Stories.* New York 1976. – Aus dem Englischen übersetzt von Dieter E. Zimmer.

Pilgram

Geschrieben 1930 in Berlin. Titel des russischen Originals: *Pil'gram.* Erstveröffentlichung in: *Sovremennyja Zapiski* (Paris) 43 (1930). – Englische Neufassung von Vladimir Nabokov und Peter Pertzov unter dem Titel *The Aurelian* in: *The Atlantic Monthly* (Boston) 169 (1941). – Aus dem Englischen übersetzt von Dieter E. Zimmer.

Wolke, Burg, See

Geschrieben 1937 in Marienbad. Titel des russischen Originals: *Oblako, ozero, bašnja.* Erstveröffentlichung in *Russkija Zapiski* (Paris) 2 (1937). – Englische Übersetzung von Vladimir Nabokov und Peter Pertzov unter dem Titel *Cloud, Castle, Lake* in: *The Atlantic Monthly* 167 (1941). – Aus dem Englischen übersetzt von Renate Gerhardt.

Frühling in Fialta

Geschrieben 1936 (?) in Paris. Titel des russischen Originals: *Vesna v Fialte.* Erstveröffentlichung in: *Sovremennyja Zapiski* 61 (1936). – Englische Übersetzung von Vladimir

Nabokov und Peter Pertzov unter dem Titel *Spring in Fialta* in: *Harper's Bazaar* (New York). Mai 1947. – Aus dem Englischen übersetzt von Dieter E. Zimmer.

Lance

Geschrieben 1952 in Ithaca (N.Y.). Titel des englischen Originals: *Lance.* Erstveröffentlichung in: *The New Yorker.* 2. Februar 1952. – Aus dem Englischen übersetzt von Dieter E. Zimmer.

Die Orthographie wurde für diese Ausgabe auf der Grundlage der gültigen amtlichen Rechtschreibregeln modernisiert.

Nachwort

Geschrieben in der Sprache seines Geburtslandes, aus dem die Oktoberrevolution den Zwanzigjährigen vertrieben hatte, an Plätzen der Alten Welt wie Marienbad, Paris, Berlin, wo der Emigrant sich und seine Familie zwei Jahrzehnte mit Stundengeben und Schreiben durchbrachte; hinübergerettet nach Amerika, wo er zwanzig Jahre lang europäische Literatur lehrte und in der Sprache dieser neuen Zufluchtsstätte weiter schrieb; unter seiner Aufsicht in die meisten europäischen Sprachen übersetzt und, wo es anging, Satz für Satz von ihm selbst überprüft, von der schweizerischen Hotelsuite aus, wohin er für die letzten zwei Jahrzehnte seines Lebens zurückgekehrt war – Vladimir Nabokovs Erzählungen (er hat über sechzig geschrieben) sind wie seine sechzehn Romane Werke eines Wortbesessenen, eines Kosmopoliten, der über den Reichtum mehrerer Kulturen und Literaturen verfügte, eines Exilierten, der zeitlebens seine Herkunft und Kindheit in sich trug und der doch von seinen frühen Anfängen an nirgendwo anders hingehörte als in die Welt der Kunst, der sein Zentrum und seine Wurzeln in sich selbst, in der Autonomie der Gestaltung seiner eigenen Wirklichkeit hatte. Zu einer Literatur, geschweige einer Politik, die die reiche Vielfalt des Individuellen mit eingängigen Klischees oder abstrakten Parolen zu vereinfachen, zu vereinheitlichen trachtet, stand er überall exterritorial.

Faszination und Beunruhigung gingen von seinem Werk aus, seit der junge Autor, 1899 in Petersburg geboren, dem Publikum der russischen Emigration seine ersten Erzählungen vorlegte und dieses sich unvermutet einem fertigen, ganz und gar eigenständigen Schriftsteller gegenübersah, einem souveränen Stilisten, dessen ungekannte sprachliche Kunstgriffe und die kühle Distanz, mit der er seine Figuren agieren ließ, liebgewordenen Lesegewohnheiten auf höchst irritierende Weise zuwiderliefen: »Ein Ungeheuer – aber welch ein Schriftsteller!«, sagte Iwan Bunin, der Nabokov in den dreißiger Jahren »bereits zur Geschichte der russischen Literatur« gezählt wissen wollte. Nach der Übersiedlung in die Neue Welt, als der dreisprachig Erzogene es, durchaus nicht ohne diszipliniertеste Anstrengung, fertigbrachte, mit der gleichen stilistischen Meisterschaft englisch zu schreiben, waren es dort freilich zunächst nur sehr wenige (wie etwa Graham Greene), die erkannten, dass hier ein großer Dichter ihrer Sprache einen völlig neuen und unerwarteten Glanz verliehen hatte. Erst der Roman *Lolita* machte ihn weltberühmt und öffnete sein Œuvre einer großen Leserschaft.

Die Aufgabe des Künstlers, wie Nabokov sie begreift: die ihn umgebende Welt in einem neuen, eigenständigen Sinn zu gestalten, beginnt mit einer anderen Art, diese Welt wahrzunehmen. Nabokov, der durch Berlin geht, sieht die orangefarbenen Lichtreflexe der Straßenbahn an der Innenseite arbeitslos daliegender Röhren oder in der Eckkneipe den Spiegel, aus dem ein Tisch herausfällt und sich davor postiert, so wie die »kostbaren, erfahrenen Augen« seines Wassilij Iwanowitsch (*Wolke, Burg, See*) den schlecht gebügelten Schatten des Eisenbahnwaggons an der Böschung bemerken. Alle seine Sinne sind synästhetisch beteiligt, wenn der Name »Fialta« ihn »in der Höhlung dieser veilchenblauen Silben die süße, dunkle Feuchtigkeit einer kleinen Blume« spüren lässt. Mit dem Erzähler jener mediterranen Liebesgeschichte teilt er das überdeutliche Erinnerungsvermögen, das sich noch die kleinste Nuance einer vergangenen Situation mit fast schmerzender Intensität vergegenwärtigen kann; mit Pilgram die eindringliche Vorstellungskraft – wenn er eine gegenwärtige Szene, die von einem Kind beobachtet wird, schon als die zukünftige Erinnerung des einst Erwachsenen sieht (*Stadtführer Berlin*) oder wenn, wie in *Lance*, die Grenzen des irdisch Vorstellbaren selbst zum Thema werden und Nabokovs Phantasie, obgleich diesseits jener Grenzen bleibend, die Einbildungen landläufiger »Fantasy«-Literatur weit hinter sich lässt. Und er hat die Fähigkeit zur überraschenden Assoziation, der ganz und gar eigenwilligen Verknüpfung von Dingen und Vorstellungen: Wassilij Iwanowitsch sieht nicht eine Wiese, sondern »eine Liebeserinnerung, als Wiese verkleidet«. Mit diesen Gaben des Wahrnehmens, des Erinnerns, der Imagination und der Verknüpfung (»Die Gabe« heißt der frühe, quasi autobiographische Roman, dessen Thema das Glück individuellen Schöpfertums ist) durchdringt er die Trübungen konventioneller Wahrnehmungsmuster und erblickt hinter den »durchsichtigen Dingen« (so der Titel seines vorletzten Romans) eine andere Wirklichkeit. Wie für den Erzähler von *Fialta* seine Begegnungen mit Nina in Wirklichkeit Szenen und Kapitel, Vignetten und Fußnoten eines imaginären Buches sind (mit einem verschneiten Portal als verhindertem Exlibris), so gestaltet und arrangiert Nabokov als souveräner Auctor die Geschicke seiner Figuren als ein Spiel von Zusammenhängen, die ihnen selbst verborgen bleiben. Die Leidenschaftslosigkeit, mit der er uns das vorführt, gibt seinen Werken oftmals einen Anhauch zerebraler Kälte, und wir erschrecken auf den ersten Blick, wie oft er seine Geschöpfe scheitern lässt, wie er immer wieder die Vergeblichkeit des Bemühens zeigt, die Niederlage des Guten und Zarten gegen Rohheit und Banalität. Bis uns bei näherem Hinsehen deutlich wird, dass vor dem »schwarzen Grund dieses Werkes« (Dieter E. Zimmer) das vom Scheitern Bedrohte und Gefährdete umso wärmer leuchtet, dass hier ein großer Illusionsloser und Wissender die Welt auf seine Weise leidenschaftlich bejaht und feiert. Einen »Dichter der Liebe« konnte ihn Marcel Reich-Ranicki nennen, der uns »alle Schattierungen und Grade der Zuneigung eines Menschen zu einem anderen« sehen und, fügen wir hinzu, alle Nuancen einer von zärtlicher Genauigkeit gekennzeichneten Hinwendung zu den Dingen spüren lässt – und diese Liebe setzt Schönheit und Güte ein unvergängliches Denkmal gerade dort, wo sie (wie in *Wolke, Burg, See*, 1937 aus den Erfahrungen des deutschen Alltags im Nationalsozialismus heraus geschrieben) gegen Niedertracht und Gewalt unterliegen müssen.

Seine hochkomplexe Kunst macht freilich den Zugang zu ihm, der so viel tiefer sah und so viel mehr begriff, nicht immer einfach. Dieser oft fremd und solitär erscheinende Schriftsteller, der 1977 in Montreux starb – vielleicht war er gleichfalls, wie eine seiner Romanfiguren, »gleichsam ein Bürger des nächsten Jahrhunderts, ein Gast, der verfrüht gekommen ist« ...

Richard Müller-Schmitt

Inhalt

Vladimir Nabokov
Gesammelte Werke in 25 Bänden

Nabokov: Gesammelte Werke, herausgegeben von Dieter E. Zimmer

Band 1: **Maschenka. König Dame Bube.** Frühe Romane

Band 2: **Lushins Verteidigung. Der Späher. Die Mutprobe.** Frühe Romane 2

Band 3: **Gelächter im Dunkel. Verzweiflung. Camera obscura.** Frühe Romane 3

Band 4: **Einladung zur Enthauptung**

Band 5: **Die Gabe**

Band 6: **Das wahre Leben des Sebastian Knight**

Band 7: **Das Bastardzeichen**

Band 8: **Lolita**

Band 9: **Pnin**

Band 10: **Fahles Feuer**

Band 11: **Ada oder Das Verlangen.** Eine Familienchronik

Band 12: **Durchsichtige Dinge. Sieh doch die Harlekine!** Späte Romane

Band 13: **Erzählungen** 1921–1934

Band 14: **Erzählungen** 1935–1951

Band 15.1: **Dramen**

Band 15.2: **Lolita.** Ein Drehbuch

Band 16: **Nikolai Gogol**

Band 17: **Vorlesungen über russische Literatur**

Band 18: **Vorlesungen über westeuropäische Literatur**

Band 19: **Vorlesungen über Don Quijote**

Band 20: **Deutliche Worte.** Interviews, Leserbriefe, Aufsätze

Band 21: **Eigensinnige Ansichten**

Band 22: **Erinnerung, sprich.** Wiedersehen mit einer Autobiographie

Band 23: **Briefwechsel mit Edmund Wilson.** 1940–1971

Band 24: **Briefe an Véra**